그녀들은 무엇이 다른가 II

세계 여성의 리더십

그녀들은 무엇이 다른가 II
세계 여성의 리더십

1쇄 펴낸 날 2012년 12월 21일
지은이 김수영
펴낸곳 명인문화사
편집 및 표지 디자인 노수경
교 정 이재은
등 록 제2005-77호(2005.11.10)
주 소 서울특별시 송파구 석촌동 58-24 미주빌딩 202호
이메일 myunginbooks@hanmail.net
전 화 02.416.3059
팩 스 02.417.3095
ISBN 978-89-92803-50-2
가 격 9,500원
ⓒ 명인문화사

간략목차

세계 경제를 구원할 'IMF의 여신'
크리스틴 라가르드 · IMF 총재 _ 11

세계를 깨운 '행동하는 양심'
시린 에바디 · 인권운동가 _ 41

'조용한 카리스마'의 새로운 전형
앙겔라 메르켈 · 독일 총리_ 79

인간의 정의를 바꾼 '침팬지의 어머니'
제인 구달 · 동물보호운동가 _ 111

페이스북의 기적을 도운 '진정한 리더'
셰릴 샌드버그 · 페이스북 최고운영책임자 _ 147

스스로 '살아있는 아이콘'이 되다
힐러리 클린턴 · 미국 국무부 장관 _ 179

세계에서 가장 영향력 있는 '토크쇼의 여왕'
오프라 윈프리 · 방송인 _ 219

세부목차

세계 경제를 구원할 'IMF의 여신'
크리스틴 라가르드 · IMF 총재

"장관 여사님이란 말은 없어요"_ 16

워터게이트로 들어간 프랑스 교환학생 _ 20

그랑제꼴 위에 우뚝 서다 _ 22

최초의 비경제학자 출신 IMF 총재 _ 24

세계 경제에 대한 깊은 통찰 _ 26

그리스 발 시험대에 오르다 _ 28

경제 · 패션지를 섭렵하다 _ 31

"성공은 결코 완성되지 않는다"_ 34

세계를 깨운 '행동하는 양심'
시린 에바디 · 인권운동가

"여기는 이란입니다"_ 46

'다음 처형할 사람은 시린 에바디' _ 49

불안한 조국과는 무관했던 어린 시절 _ 51

"노예 판사보다 자유 시민을 택하겠어요"_ 53

여성을 옥죄어 오는 혁명의 배신 _ 57

여성의 목숨은 남성의 절반 가치다? _ 61

혁명과 전쟁 속에서 얻은 교훈 _ 64

여성과 아동을 위한 인권 변호사로 _ 67

"양성 불평등 법은 개정되어야 한다"_ 72

요원하지만 반드시 가야할 길 _ 74

'조용한 카리스마'의 새로운 전형
앙겔라 메르켈 · 독일 총리

'메르켈', 그 이름만으로도 화려한 수식어 _ **84**

'목사의 딸'이라서 얻은 건 '긍정의 힘' _ **87**

자립을 위한 어긋난 선택, 물리학자 _ **91**

정치인으로서 '민주변혁'을 꿈꾸다 _ **95**

정계에 공식 입성하다 _ **99**

헬무트 콜의 '정치적 양녀' _ **101**

'동독의 비애' 딛고 능력 있는 장관으로 _ **104**

'배신' 오명에도 허물지 않은 신념의 승리 _ **107**

인간의 정의를 바꾼 '침팬지의 어머니'
제인 구달 · 동물보호운동가

인간의 정의를 바꾼 위대한 발견자 _ **114**

호기심 많은 꼬마 동물애호가 _ **117**

'꿈'의 대륙 아프리카, '운명'이 되다 _ **120**

원주민도 포기한 곰비의 밀림 속으로 _ **126**

마침내 동물행동학의 새 지평을 열다 _ **130**

케임브리지 박사가 된 '하얀 원숭이' _ **133**

일과 사랑, 양립할 수 없는 딜레마 _ **136**

삶이 있는 곳에 '희망'이 있다 _ **140**

페이스북의 기적을 도운 '진정한 리더'
셰릴 샌드버그 · 페이스북 최고운영책임자

스스로 '2인자'가 되다 _ **151**

페이스북을 돈 방석에 올려놓다 _ **155**

기대를 한 몸에 받던 아이 _ 158
하버드 공부벌레에서 구글 부사장까지 _ 162
실리콘밸리에서 여성으로 살아남기 _ 166
"여성들이여, 야망을 가져라"_ 169
자수성가한 여성 리더의 표본 _ 173

스스로 '살아있는 아이콘'이 되다
힐러리 클린턴 · 미국 국무부 장관

'힐러리만의 리그'를 시작하다 _ 184
마침내 투표 용지에 인쇄된 이름 _ 188
절반의 성공에 그친 첫 정치 활동 _ 191
달콤한 정치적 환상을 꿈꾸다_ 195
'나'를 찾기 위한 시대적 '항의' _ 200
아동 권익 옹호에 눈 뜨다 _ 203
인생의 동반자, 정치의 동역자_ 207
'여성'을 벗고, '인간'을 입다_ 211

세계에서 가장 영향력 있는 '토크쇼의 여왕'
오프라 윈프리 · 방송인

'오프라 윈프리 쇼'의 화려한 퇴장 _ 223
혼자 감당해야 했던 유년기의 학대 _ 228
방황했던 10대 초반, 그리고 출산 _ 232
아버지의 품에서 희망을 되찾다_ 235
다시 외톨이로: 대학 생활과 뉴스 진행 _ 239
드디어 '소명'을 발견하다 _ 241
쉽게 해결되지 않던 '중독'의 문제들 _ 245
'노블리스 오블리제'로 거듭나다 _ 248

머리말

리더란 무엇일까. 우리말로는 '지도자'로 순화해서 쓰는 이 '리더'라는 단어를 떠올리면 '파워', '영향력', '카리스마' 같은 다소 센 어감의 연상어들이 따라 온다. 국어사전을 뒤져 보니 리더에 대해 이렇게 정의하고 있었다.

"조직이나 단체 따위에서 전체를 이끌어 가는 위치에 있는 사람."

간단명료한 문장에서 가장 먼저 눈에 들어온 것은 '위치'라는 단어였다. 그렇다. 우리가 흔히 리더라고 부르는 사람들은 어느 정도의 '위치'에 있는 사람들이다. 그 위치는 대개 일반인들의 눈높이보다는 조금 높은 편이다. 그래서 우리는 그들을 우러러보곤 한다.

그런데 이 리더라는 단어에 '여성'이라는 말을 조합해 보았다. '여성 리더.' 어쩐지 앞에 수식어가 하나 붙자 그 '위치'가 조금 내려앉는 느낌이다. 편견이다. 오늘날 우리 사회의 각계각층을 이끄는 여성 리더들이 남성에 비해 상대적으로 적은 탓이다. 자질이나 능력의 문제가 아니라.

그 편견을 애써 내려놓고 이 시대의 여성 리더라 불릴 만한 인물들은 누가 있을까 잠시 생각해 보았다. 삽시간에 머릿속을 스치는 몇몇 이름들이 있다. 이 책은 그녀들에 관한 이야기이다.

가장 먼저 등장하는 크리스틴 라가르드는 소위 요즘 가장 '핫'한 인물이다. 우리에게는 별로 달갑지 않은, 1997년 구제금융 사태로 친숙해진 국제통화기금 IMF의 최초의 여성 총재다. 그녀는 위기에 처한 세계 경제를 반영하듯 연일 각종 언론에 노출되고 있다.

범상치 않은 은발의 쇼트커트, 180cm나 되는 큰 키, 화려한 옷차림. 외모만 놓고 보면 IMF의 수장이라기보다 영화 '악마는 프라다를 입는다'의 메릴 스트립 같은 패션지 편집장이 어울린다. 그래서 더욱 궁금했다. 그녀를 남성들만 득실득실한 경제계 가장 높은 위치에 올려놓은 원동력은 무엇일까.

크리스틴 라가르드 못지않게 하루가 멀다 하고 언론에 이름이 오르내리는 또 다른 여성 리더 두 사람도 이 책에 등장한다. 앙겔라 메르켈과 힐러리 클린턴이다. 그녀들 역시 '최초의 여성'이라는 점 때문에 한 번 더 주목을 받았다. 앙겔라 메르켈은 독일 최초의 여성 총리, 힐러리 클린턴은 미국 최초의 여성 국무장관이다.

이란 출신의 인권운동가로 여러 차례 우리나라를 방문하기도 한 시린 에바디 역시 그러한 '최초의 여성'이라는 수식어가 붙는다. 이란 최초의 여성 판사가 그녀의 직함 중 하나였다. 이 네 명의 여성 리더들 외에 이 책에 등장하는 동물보호 및 사회운동가 제인 구달, 페이스북의 COO 셰릴 샌드버그, 방송인 오프라 윈프리 등도 여성으로서 대단한 업적을 이뤄냈다고 불리는 인물들이다.

그런데 아이러니하게도, 그녀들의 출생부터 현재에 이르기까지 그 여정을 쭉 훑어보는 동안 어쩐지 '여성'이라는 한정이 쓸모없게 느껴졌다. 그녀들이 여성이라서 딱히 남성과 다른 삶을 살아왔다고는 보이지 않았기 때문이다.

다만 그녀들이 리더로 불리지 못하는 평범한 우리들과 다른 점이 있다면 자신의 한계를 깨는 데 누구보다 적극적이었다는 사실이다. 그 한계가 여성의 굴레이든, 폐쇄적인 국가나 어려운 가정환경이든 간에, 그녀들은 분명 그것을 뛰어넘기 위해 남들보다 훨씬 많은 노력을 했고 지금도 치열하게 살고 있었다.

그것이 바로 이 책이 던지는 질문, '그녀들은 무엇이 다른가'에 대한 해답이었다. 너무 뻔한 결론이라 그 답을 찾기까지 수많은 자료를 뒤지며 머리를 싸맸던 지난 수고들이 허사로 느껴질 정도였다. 하지만 한편으론 참 다행이다 싶었다. 그녀들이 그렇게 '성공의 정석'대로 살아 준 덕분에 리더를 꿈꾸는 많은 여성들이 좌절의 순간이 온다 해도 더 힘을 낼 수 있을 테니까.

탈고를 하고 나니 필자에게도 이 책은 팍팍한 일상에서 작은 활력소가 되었다. 매일 경영 관련 서적들에 파묻혀 리더십의 유형이니 전략이니 하는 딱딱한 내용들만 다루다가 바다 건너 그녀들의 역동적인 인생을 따라 갔다 오고 나니, 어릴 적 읽었던 신사임당의 위인전을 다시 꺼내 본 느낌이 들었기 때문이다. 이 책을 읽는 독자들도 가벼운 마음으로, 그러나 각오만은 남다르게 마지막 페이지를 무사히 넘길 수 있기를 바란다.

c h r i s t i n e　l a g a r d e

IMF 총재
크리스틴 라가르드

하지만 한편으로는 분명히 알고 있다. '성공은 결코 완성되지 않는다'는 것을.

2012년 초 라가르드는 프랑스의 한 신문과의 인터뷰에서 이렇게 말했다.

"성공은 끝없는 전쟁입니다. 사람은 매일 아침 자신의 역량을 테스트해야 합니다."

세계 경제를 구원할 'IMF의 여신'
크리스틴 라가르드

'정치적 영향력과 개인적 호감도'를 모두 만족시키는 세계적 여성 리더가 있다. 바로 2011년 IMF의 첫 여성 총재가 된 크리스틴 라가르드다. 그녀는 교육자 집안에서 태어나 미국에서 교환학생으로 고등학교를 다닌 후 프랑스로 돌아와 로스쿨을 마쳤다. 이후 세계적 법무 법인에서 노무 전문 변호사로 명성을 날리며 최초의 여성 CEO 자리까지 오른 후, 프랑스 내각에 진출해 여성으로는 처음으로 통상부, 재무부 장관을 지냈다. 이러한 화려한 정치적 경력 외에도 그녀가 주목받는 것은 특유의 여성적 '우아함' 때문이다. 남성 중심의 정·재계에서 뛰어난 협상력으로 주도권을 잡고 있지만, 한편으로는 아름다운 옷과 액세서리를 좋아하고 원예와 요리를 즐기는 등 여성만의 매력을 놓지 않고 있는 것이다. 늘 여성의 사회적 지위, 특히 고위직에서의 역할을 강조하는 라가르드는 그녀 자신이 가장 성공한 여성의 롤 모델로서 훌륭한 선례를 만들고 있다.

워싱턴 연설

2011년 5월 전 세계의 이목이 국제통화기금(IMF, International Monetary Fund)에 쏠렸다. 총재인 도미니크 스트로스-칸(Dominique Strauss-Kahn)의 성추행 스캔들이 터졌기 때문이다.

그 얼마 후 세계인들의 관심은 다시 은발 머리의 한 여성에 맞춰졌다. 그녀는 유례없는 불명예 퇴임으로 IMF의 명성에 먹칠을 한 스트로스-칸의 뒤를 이어 차기 총재로 물망에 오른 인물이었다. 1947년 IMF 출범 이후 64년 만에 처음으로 여성 총재가 탄생할지도 모른다는 사실에 세계는 또 한 번 들썩였다.

총재의 부재로 혼란에 빠진 IMF와 글로벌 위기를 겪고 있는 세계 경제를 구제해 줄 '여신'으로 등장한 이는 바로 '유럽 최고의 재무장관'이라는 평가를 받고 있던 프랑스 재무부 장관 크리스틴 라가르드(Christine Madeleine Odette Lagarde)였다.

도미니크 스트로스-칸 전 총재가 불명예스럽게 총재직을 사임한 이후 많은 사람들이 라가르드야 말로 그의 뒤를 이을 가장 적합한 인물이라고 말했다. 그녀의 뛰어난 리더십은 전 세계적으로 많은 공감을 형성했다.

특히 프랑스의 재무장관으로서 2008년 리먼 사태에서 시작된 글로벌 금융위기의 충격으로부터 프랑스를 성공적으로 방어한 것이 좋은 평가를 받았다. 라가르드를 지지하는 사람들은 그녀가 경제는 물론 정치와 외교에서도 뛰어난 협상능력을 발휘하는 정통한 인물이라며 "시대가 요구하는 적임자"라고 치켜세웠다. 또한 라가르드의 완벽한 영어 구사 능력에도 높은 점수를 주었다.

그러나 라가르드의 IMF 총재 임용을 반대하는 의견도 적지 않았다. 우선 그녀가 유럽 출신이라는 점 때문에 몇몇 국가들은 반대 의사를 표명했다. 그동안 세계은행 총재는 미국인이, IMF 총재는 유럽인이 하는 식으로 '나눠먹기' 라는 비판이 있었던 것도 사실이었다.

그 때문에 미국이나 유럽에 속하지 않은 호주와 캐나다, 칠레 등의 국가들은 그녀의 경쟁 상대였던 아구스틴 카르스텐스(Agustin Carstens) 멕시코 중앙은행 총재를 지지한다고 공공연히 밝히곤 했다. 또 한 명의 유럽 출신 IMF 총재가 탄생하는 데 대해 견제에 나선 것이다.

멕시코의 재무장관을 지내기도 한 카르스텐스는 중남미 등 신흥 경제권의 지지를 바탕으로 세를 확대해 갔다. 그러나 IMF 내 투표권 중 40% 이상을 가진 영국, 프랑스, 독일 등 유럽 국가들의 지지에다 17%의 투표권을 가진 미국 그리고 일본과 중국, 우리나라까지 라가르드 장관을 지지하고 나서면서 결국 카르스텐스는 변수가 되지 못했다.

마침내 2011년 6월 28일 미국 워싱턴 D.C.의 IMF 본부에서 열린 집행이사회 투표에서 라가르드는 마지막까지 선전을 펼친 카르스텐스를 누르고 만장일치로 IMF의 신임 총재로 선출됐다.

"장관 여사님이란 말은 없어요"

라가르드에겐 언제나 '최초의 여성'이라는 수식어가 따라 다닌다. IMF 최초의 여성 총재일 뿐만 아니라 로스쿨 졸업 후 몸담았던 글로벌 로펌 베이커앤드맥킨지(Baker & McKenzie)에서도 최초의 여성 CEO로 조직을 이끌었고 2005년 자크 시라크(Jacques Rene Chirac) 정부에서는 프랑스 역사상 최초의 여성 통상부 장관을 지냈다. 2007년 니콜라 사르코지(Nicolas Sarkozy) 정부에서는 프랑스 최초의 여성 재무부 장관인 동시에 선진 8개국(G8) 최초의 여성 재무장관으로 활약했다.

그러나 라가르드 자신은 '최초의 여성'이라는 말을 달갑게 여기지 않는다. 바로 '여성'이라는 한정된 표현 때문이다. 그녀는 굳이 자신이 여성임을 강조할 필요는 없다고 여긴다. 여성과 남성은 애초부터 다른 존재이기 때문이다.

라가르드가 IMF 총재에 오르기 전 아직 프랑스의 재무장관이던 2009년, 베스트셀러 작가이자 경영과 방송 분야의 유명 저널리스트인 카밀라 웹스터(Camilla Webster)와 인터뷰를 한 적이 있었다. 워싱턴에서 열린 IMF 미팅에 참석한 후 뉴욕으로 자리를 옮긴 라가르드는 자신이 묵고 있는 플라자 아테네 호텔로 웹스터를 불렀다.

어퍼이스트사이드의 호텔 방에서 두 사람은 1시간 가까이 헤지펀드 규제에서부터 IMF의 세계 경제 정책, 미국의 퍼스트레이디인 미셸 오바마(Michelle Obama)에 대한 이야기까지 다양한 주제로 대화를 나눴다. 인터뷰 막바지에는 여성의 비즈니스와 사회적 성공에 관한 내용들이 오갔고, 라가르드는 앙겔라 메르켈(Angela Merkel) 독일 총리와 미국의 국무장관 힐러리 클린턴(Hillary Clinton)을 칭찬하기도 했다.

그 때 웹스터가 질문을 하나 던졌다. "여성이 남성과는 다른 종류의 영향력을 행사하는 걸까요?" 라가르드는 곧바로 대답했다.

"아마도 다르겠죠. 왜냐하면 우리는 같은 것을 보지 않으니까요. 그리고 같은 것을 입지도, 같은 태도나 기대를 갖고 있지도 않죠. 저는 권력을 다루는 데 있어 여성과 남성의 길이 있다고 말하는 걸 싫어해요. 여성에게는 여성의, 남성에게는 남성의 역할이 있다고 생각합니다. 하지만 제 경험에 비추어 볼 때, 여성들은 더 많이 노력하며, 좀 더 조심하는 경향이 있을 겁니다."

2011년 2월 영국의 일간지 인디펜던트와의 인터뷰에서도 라가르드는 남성과 여성의 사회적 지위에 대한 자신의 소견을 피력했다. 그녀는 정치, 특히 재무 부문의 고위직은 남성들만의 그라운드라는 인식에 대해 강한 반대 의사를 나타냈다.

라가라드는 파리의 세느강이 내려다보이는 대학 캠퍼스 같은 프랑스 재무장관 집무실에서 인디펜던트 기자에게 말했다.

"어느 한 성별이 우세한 환경은 좋지 않아요. 특히 재무 부문에는 극소수의 여성만이 있죠. 성적으로 우세한 환경에서 남성들은 옆에 앉은 사람과 비교하며 자신의 남성다움을 뽐내곤 합니다. 솔직히 저는 하나의 방에서 너무 많은 테스토스테론이 분비되는 건 곤란하다고 생각해요."

인디펜던트에 따르면 라가르드는 여성들이 고위직에서 필수적이라고 믿고 있다. 남성들은 그냥 두면 종종 '바보 같은 짓'을 할 수 있다는 것이다. 라가르드는 인디펜던트 인터뷰에서 2008년 금융위기의 일정 부분은 공격적이고 탐욕스러우며 테스토스테론이 과다 분비된 남성 중심의 집단에 의해 야기한 것이라고 말하기도 했다.

IMF 총재가 된 후에도 라가르드는 어머니의 일화를 들어 남녀의 사회적 지위에 대한 의견을 비유적으로 말한 적 있다.

2011년 7월 5일, 워싱턴의 IMF 본부에서 직원들에게 자신을 처음으로 소개하는 자리였다.

우선 그녀는 시카고에 본사를 둔 국제 로펌 베이크앤드맥킨지에서 법적 기술을 연마하던 자신이 어떻게 프랑스 정부로 들어가 최초의 여성 재무장관의 자리에 까지 올랐는지, 그 여정을 비교적 장황하게 풀어놓았다.

그러나 자신의 이력을 소개하는 긴 시간 동안에도 개인사에 대한 부분은 한 마디도 말하지 않았다. 사실 라가르드는 공식적인 자리이든 비공식적인 자리이든 개인적인 이야기는 잘 하지 않는 것으로 알려져 있다. 그 날도 마찬가지였다.

그런 라가르드가 갑자기 어머니를 언급했다. 처음으로 여성 총재를 모시게 된 직원들이 호칭을 어떻게 하면 좋겠냐고 물었을 때 라가르드는 4년 전 돌아가신 어머니의 기억을 떠올리며 이렇게 말했다.

"어머니는 제게 한 번도 '마담 라 미니스트르(Madame la Ministre, 우리말로 직역하면 '장관 여사님' 정도)'라고 부른 적이 없어요. 그런 말 자체가 원래 없기 때문이죠!"

> 라가르드 자신은 '최초의 여성'이라는 말을 달갑게 여기지 않는다. 바로 '여성'이라는 한정된 표현 때문이다. 그녀는 굳이 자신이 여성임을 강조할 필요는 없다고 여긴다. 여성과 남성은 애초부터 다른 존재이기 때문이다.

워터게이트로 들어간 프랑스 교환학생

한편 라가르드에게 '여성'이라는 말머리를 떼고서도 '최초'라는 수식어를 붙일 수 있는 호칭이 있다면 바로 '경제학자가 아닌 법률가 출신으로서 최초의 IMF 총재'라는 것이다.

물론 이 점 때문에 가끔 "경제를 모르면서 아는 척 한다" 또는 "스트로스-칸 총재가 만든 정책을 답습한다"는 등의 비난을 듣기는 하지만, 역으로 생각하면 경제 전문가가 아닌 그녀가 능력을 인정받아 세계 경제의 중심에 섰다는 것만으로도 이미 대단한 일이 아닐 수 없다.

1956년 새해 첫날 프랑스 파리의 교육자 집안에서 태어난 라가르드는 어릴 때부터 소위 '될성부른 나무'였다. 그녀의 아버지 로버트 랄루에트(Robert Lallouette)는 영문학 교수였으며 어머니 니콜(Nicole)은 라틴어 교사였다.

라가르드와 세 남동생은 프랑스 서북부의 항구 도시 르 아브르와 목가적인 노르망디에서 어린 시절을 보냈는데, 10대 시절 그녀는 프랑스 수중발레 국가대표 선수로 메달을 딸 만큼 활동적인 아이였다.

17살 때 아버지가 돌아가신 후 그녀와 남동생들은 홀어머니 밑에서 자랐다. 그녀의 어머니는 상당히 개방적이고 미국적인 생각을 가진 사람이었다. 아직 미성년인 딸을 미국에 교환학생으로 보낼 정도로 말이다. 라가르드가 프랑스인 같지 않은 유창한 영어 실력을 구사할 수 있게 된 것도 어렸을 때부터 미국을 오간 덕분이었다.

1973년 바칼로레아(Baccalauréat, 프랑스의 후기 중등 교육 종료를 증명하는 국가시험으로, 통과하면 대학 입학 자격이 주어진다)를 치른 라가르드는 외국과의 고교생 교환 유학을 주관하는 민간 봉사 단체인 아메리칸 필드 서비스(American Field Service, AFS)를 통해 장학금을 받고 미국 유학을 떠났다.

라가르드가 다닌 고등학교는 미국 메릴랜드 베데스다에 있는 여자 기숙학교인 홀튼-암스스쿨이었다. 그녀가 입학한 해 홀튼-암스스쿨의 교내 신문인 '기자(Scribbler)'의 4페이지는 라가르드에 관한 헤드라인 기사가 실렸다. '홀튼은 크리스틴 랄루에트를 환영한다'라는 제목이었다. 그 인터뷰에서 프랑스로부터 온 신입생 라가르드는 미국 여성들이 모두 "정말 뚱뚱하고 끔찍한" 것은 아니지만 체중 조절에 대한 "강박관념"이 있다고 당차게 말하기도 했다.

한편 미국에서 고등학교를 다니는 동안 라가르드는 훗날 클린턴 행정부에서 국방부 장관을 지낸 윌리엄 코헨(William Cohen) 상원의원의 의회 보좌관 인턴으로서 미국 국회의사당에서 일했다. 그 때는 마침 그 유명한 워터게이트 사건 청문회 기간이었는데, 그녀는 코헨을 도와 프랑스어를 구사하는 주민들에게 청문회 관련 내용을 전달했다. 어쩌면 이때부터 그녀의 정치 인생이 시작되었는지도 모르겠다.

그랑제꼴 위에 우뚝 서다

프랑스로 돌아간 라가르드는 파리10대학(University Paris X, Paris West University Nanterre La Défense)에서 로스쿨을 졸업한 후 엑상프로방스정치대학(Sciences Po Aix, Institut D'études Politiques D'Aix-en-Provence)에서 영문학과 노동법 석사학위를 취득했다.

1981년 스물다섯 살이 되던 해 라가르드는 미국 시카고에 본사를 둔 글로벌 로펌인 베이커앤드맥킨지의 프랑스 법인에서 첫 사회생활을 시작한다. 그리고 자신의 전문 분야인 독점금지와 노동 관련 사건에서 지속적으로 두각을 나타내며 초고속 승진을 거듭한 끝에 입사 14년 만인 1995년 이사진에 합류했다. 1999년 10월에는 40대 초반의 젊은 나이에 베이커앤드맥킨지 최초의 여성 CEO로 선출되었다.

로펌 CEO로서 화려한 성공을 이어가던 라가르드가 프랑스 정계에 진출한 데에는 2005년 자크 시라크 대통령으로부터 레지옹 도뇌르 훈장(Order of the Legion of Honor)을 수여받은 것이 계기가 되었다. 레지옹 도뇌르 훈장은 프랑스 최고의 훈장으로, 군공이나 문화적 공적이 있는 사람에게 대통령이 직접 수여하는 상이다.

훈장 수여 직후 라가르드는 프랑스의 통상부 장관으로 발탁되었다. 프랑스 정계에서 이는 상당히 파격적인 일이었다.

소위 프랑스 정계의 고위 인사들은 대부분 '그랑제꼴(Grandes écoles)'이라고 하는 특유의 엘리트 코스 출신인데 그녀는 그랑제꼴에 속하지 않은 파리10대학을 나왔던 것이다.

그랑제꼴은 '대학 위의 대학'이라고 불릴 정도로 높은 경쟁률의 엄격한 선발 과정을 거친다. 평생 단 한 번만 주어지는 입학 시험을 통과해 그랑제꼴에 선발된 소수 정예의 학생들은 각 분야에서 최고 수준의 교육을 받게 되며, 그래서 프랑스 사회 엘리트들의 산실이 되고 있다. 그러니 졸업 후에도 그랑제꼴 출신들의 유대와 자부심은 강할 수밖에 없다.

하지만 라가르드는 그랑제꼴 출신 인사들이 요직을 장악한 프랑스 정계에서도 단연 돋보이는 업적을 이뤄냈다. 시라크 정부의 통상장관으로서 그녀는 2007년까지 기술 부문에 초점을 맞추어 프랑스의 신 시장 개척에 앞장섰고, 이후 2007년 5월 사르코지 정부가 들어선 후에는 농업부 장관에 올랐다.

이어 2007년 6월 하원의원 선거로 인한 내각 변동에 따라 라가르드는 장-루이 보를로(Jean-Louis Borloo)에 이어 프랑스에서 42번째, 여성으로서는 최초의 재무부 장관으로 임명되었다. 재무장관을 역임하는 동안 그녀는 산업과 고용을 확대하는 등 프랑스의 경제 성장에 크게 기여했다.

그리고 마침내 2011년 6월 28일 라가르드는 스트로스-칸에 이어 IMF의 제11대 총재에 선출되었다. 24개국으로 구성된 IMF 집행이사회에서 만장일치의 지지를 받으며 IMF 64년 역사상 첫 여성 총재로 등극한 것이다.

소위 프랑스 정계의 고위 인사들은 대부분 '그랑제꼴(Grandes-écoles)'이라고 하는 특유의 엘리트 코스 출신인데 그녀는 그랑제꼴에 속하지 않은 파리10대학을 나왔던 것이다.

최초의 비경제학자 출신 IMF 총재

2011년 7월 5일부터 5년간 IMF 총재로서 임기를 수행 중인 라가르드는 비경제학자 출신이라는 점 때문에 총재에 오른 이후에도 언론 등으로부터 비아냥거림을 당했다. 스트로스-칸이 경제학 교수를 거쳐 세계은행, 골드만삭스, 프랑스 중앙은행 총재를 역임한 정통한 경제 전문가인 반면, 라가르드는 로펌에서 25년 동안 변호사를 하다가 프랑스 통상장관을 거쳐 재무장관에 오른 인물이어서 확연히 비교가 되었기 때문이다.

월스트리트저널은 "노무 전문 변호사 출신 비경제학자가 IMF 총재직을 잘 수행할 수 있을지 의문"이라며 대놓고 의심의 눈초리를 보냈고, 그녀를 일컬어 "세계 경제 대통령에 오른 비경제학자"라며 평가절하하는 이들도 많았다.

그러나 다른 한편에서는 IMF 내에 경제학자가 700~800명이나 있는데 IMF 총재가 경제를 좀 덜 안다 해도 그들의 조언을 받으면 된다며 라가르드를 지지했다. 실제로 그녀는 프랑스 통상장관과 재무장관을 거치면서 이미 '경제통'으로 능력을 검증받았다.

특히 글로벌 금융위기 때는 라가르드가 경제를 잘 이끈 덕분에 프랑스는 다른 어느 나라보다 적은 타격을 받았다. 그녀는 또 '노동, 일자리 및 구매력 관련 법(loi TEPA)'과 '경제 현대화 관련 법(LME)'을 국회 표결에 부쳤으며, 국립직업안내소(ANPE)와 실업기금관리공단(Unedic)의 업무 통합을 이뤄내 고용 창구를 단일화하는 개혁을 추진함으로써 실업률을 크게 낮췄다.

뿐만 아니라 2008년에는 미국발 글로벌 금융위기가 그리스와 아일랜드, 포르투갈 등 유럽 국가들의 재정위기를 초래하자 뛰어난 협상 능력을 발휘하여 유럽 각국의 서로 다른 입장을 중간에서 조율하는 데 중추적인 역할을 했다. 이처럼 다양한 국내외 난제들을 해결하는 데 성과를 올린 라가르드는 공로를 인정받아 2009년 영국의 파이낸셜타임스로부터 '유럽 최고의 재무장관'으로 선정되기도 했다.

2011년 IMF 총재 경선 당시 라가르드의 열혈 지지자 중 한 명이었던 티모시 가이트너(Timothy Geithner) 미국 재무부 장관은 2009년 타임에 기고한 글에서 그녀에 대해 이렇게 평가했다. "라가르드는 번뜩이는 재치를 가지고 있고, 여성으로서 그녀가 가지는 포용력과 중재 능력은 권위주위적인 프랑스 행정부의 큰 자산이다."

사실 라가르드의 영향력은 프랑스를 넘어 전 세계로 뻗어 있었다. IMF 총재에 선출되기 전인 2010년 이미 미국의 유력 시사주간지 타임에 의해 '세계에서 가장 영향력 있는 100인(100 Influential People In The World)'으로 선정된 바 있다.

세계 경제에 대한 깊은 통찰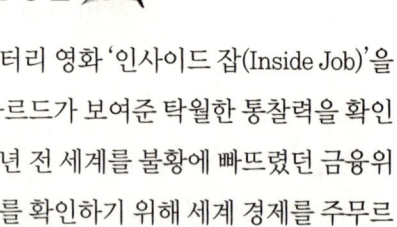

2010년 만들어진 다큐멘터리 영화 '인사이드 잡(Inside Job)'을 보면 경제 분야에서 라가르드가 보여준 탁월한 통찰력을 확인할 수 있다. 영화는 2008년 전 세계를 불황에 빠뜨렸던 금융위기가 어떻게 발생했는지를 확인하기 위해 세계 경제를 주무르는 수십 명의 인물들을 인터뷰했다. 그 중에는 당시 프랑스 재무장관이었던 라가르드도 있었다.

금융위기가 시작됐을 때 미국의 부시 행정부와 연방준비제도이사회 모두는 정보 면에서 뒤떨어져 있었다. 그들은 닥쳐올 위기의 규모를 이해하지 못한 채 여전히 금융 규제의 고삐를 풀어놓고 있었다. 그러나 라가르드는 달랐다. 영화 속에서 질문자가 "처음 좋지 않다, 위험하다고 생각하게 된 시점이 언제라고 기억하십니까?"라고 묻자 그녀는 대답했다.

"아주 잘 기억하고 있습니다. 그것은 2008년 2월의 G7 회담 때였습니다. 제가 그 문제에 대해 행크 폴슨(Henry Merrit Hank Paulson Jr., 당시 미국의 재무부 장관)과 논의한 것을 기억합니다. 그리고 행크에게 이런 이야기를 한 것을 아주 명확히 기억하고 있습니다. '쓰나미가 다가오고 있는 걸 보고 있으면서 당신은 그저 어떤 수영복을 입을 건지에 대해 우리에게 제안하고 있습니까?'라구요."

당시 라가르드의 질문에 폴슨은 문제들은 대부분 통제되고 있고 상황을 주의 깊게 살펴보고 있는 중이며 잘 관리되고 있다고 대답했다. 그 이틀 후인 2월 9일 도쿄에서 열린 G7 회담에서도 폴슨은 말했다. "우리는 계속 성장할 겁니다. 그리고 명백히 이렇게 말씀드리죠. 우리가 계속 성장하고 있다면 불황에 빠진 게 아닙니다. 그렇지 않나요? 그건 우리 모두 알지 않습니까?"

하지만 당시 미국 경제는 이미 4개월 전부터 불황이 시작되고 있었다. 바다 건너 프랑스에 있는 라가르드가 전 골드만삭스의 회장이었던 경제 전문가 출신 재무장관 폴슨보다도 미국 경제의 상황에 대해, 다가올 세계 경제의 위기에 대해 더 정확히 예측했던 것이다.

그녀가 프랑스를 글로벌 위기의 파고로부터 무사히 지켜낸 것은 행운이 아니라 철저한 위기관리와 세계 경제에 대한 깊고 넓은 인사이트 덕분이었음을 알 수 있는 대목이다.

IMF 세계은행 연례회의

"행크에게 이런 이야기를 한 것을 아주 명확히 기억하고 있습니다. '쓰나미가 다가오고 있는 걸 보고 있으면서 당신은 그저 어떤 수영복을 입을 건지에 대해 우리에게 제안하고 있습니까?' 라구요."

그리스 발 시험대에 오르다

IMF 총재가 된 이후 라가르드는 그리스 문제 해결이라는 첫 번째 시험대에 올랐다. 그녀는 선출 직후 세계 경제가 당면한 최대의 과제로 그리스 발 글로벌 경제위기를 꼽았다.

라가르드는 "그리스 야당들은 국가 통합의 정신으로 긴축 재정안을 지지하라"고 촉구했다. 또한 그리스의 유로존 탈퇴 가능성에 대해 "어떤 비용을 감수하고서라도 그러한 최악의 시나리오는 피해야 한다"고 강조했다.

그리스 부채에 대한 채권액이 가장 많은 것은 프랑스의 은행들이었다. 그 탓에 일각에서는 프랑스 출신인 라가르드가 나머지 유럽 채권 국가들에 대해 얼마나 중립적인 자세를 취하며 중재를 해나갈 것인지 의심의 눈초리를 보냈다.

라가르드가 IMF 총재에 취임한 후인 10월 유로화를 사용하는 유로존(Euro zone) 국가들과 민간 채권단은 민간 채권단이 보유한 그리스 국채의 50%를 손실 처리하기로 합의했다. 그러나 예상보다 그리스 상황이 더 좋지 않자 독일을 비롯한 유로존 국가들은 민간 채권단에 더 높은 손실률을 부담하라고 요구하기 시작했다.

라가르드는 오히려 그리스 국채 교환 협상 과정에서 민간과 공적 영역 채권단 사이의 형평성이 문제가 되고 있다고 지적하며 민간 채권단의 주장에 힘을 실어주었다. 여기에 한 술 더 떠 그리스 최대 채권 보유자 중 하나인 유럽중앙은행(ECB : European Central Bank, ECB)마저 압박하고 나섰다.

2012년 1월 25일 프랑스 파리에서 그녀는 "민간 채권단의 부담만으로 그리스 국채를 지속 가능하도록 회복하는 게 불충분하다면 ECB와 각국 정부 등 공적 부문 채권단들도 보유하고 있는 그리스 국채에 대해 손실 탕감을 해야 한다"고 밝혔다.

그러나 ECB와 유럽연합(EU: European Union) 국가 가운데 가장 큰 목소리를 내고 있는 독일의 메르켈 총리는 그리스 채무 손실을 분담해야 한다는 데 반발했다. 특히 ECB는 손실을 감수하고 유럽재정안정기금(EFSF: European Financial Stability Facility)에 국채를 넘긴다면 이는 규정을 위반하는 일이며 그리스 채무 탕감 합류는 ECB의 신뢰도를 떨어뜨릴 수 있다고 주장했다.

ECB와 독일 등의 반발에도 불구하고 라가르드는 민간 채권단뿐 아니라 모든 채권 보유자들이 고통을 나눠야 한다고 설득을 계속했다. 그리고 2월 9일 그리스 정치권이 라가르드 취임 때부터 지속적으로 주장해 온 재정 긴축안에 대해 합의를 이뤄내자 마침내 ECB도 새로운 대안을 제시했다.

ECB는 수익 창출을 통해 일정 부분을 EFSF에 매각하는 등의 방법을 고려하고 있음을 시사하고 나섰다. EFSF에 직접 자금을 주는 것은 EU 조약이 금지하고 있는 '통화적 자금 조달'에 해당될 수 있으나 ECB가 그리스 국채를 교환해 발생시킨 수익을 배분하는 것은 위반 사항이 아니라는 입장을 밝힌 것이다.

그로부터 약 열흘 후인 2월 21일 EU 각국 재무장관들이 발표한 그리스에 대한 2차 구제금융 대책에서 ECB는 시장 안정을 위해 매입한 그리스 국채 보유분으로부터 얻는 이익을 유로존 정부들에 돌려주기로 약속했다. 또 유로존 각국 중앙은행들도 투자 목적으로 보유한 그리스 국채 보유분에서 얻는 이익을 그리스에 넘기기로 합의했다.

경제·패션지를 섭렵하다

그리스 재정위기는 아직 해결되지 않았지만 라가르드는 IMF의 수장으로서 여전히 동분서주하고 있다. 일각에서는 라가르드의 IMF가 스스로 문제를 해결할 역량이 있는 유럽에 너무 많은 돈을 지원했다며 우려하지만 그 주장은 설득력이 없어 보인다.

라가르드의 전임 총재인 도미니크 스트로스-칸은 유로존에 필요한 금액의 3분의 1을 지원할 것이라고 약속한 바 있다. 게다가 라가르드는 2012년 4월 열린 IMF-세계은행 연차총회에서 회원국들로부터 더 많은 지원 약속을 받아내 IMF의 재원 문제가 불거지는 것을 막았다.

실제로 IMF가 지금까지 유럽 재정위기에 지원한 금액 규모는 가용 재원의 10% 정도에 불과하다. 이코노미스트는 그동안 IMF가 회원국들의 자금 관리를 매우 신중하게 해왔다고 긍정적으로 평가했다.

2012년 1월 스위스 다보스에서 열린 세계경제포럼(WEF)에 참석한 라가르드는 옅은 갈색의 커다란 토드백을 들고 토론에 나섰다. 그리고는 가방을 어깨 높이까지 들어 올리며, "제가 가방을 들고 여기 나타난 이유는 사실 돈을 모으기 위해서입니다"라고 말했다. 회장에는 순간 폭소가 터졌다.

라가르드는 유럽의 재정위기는 세계적 위기여서 어떤 나라도 전염에서 자유롭지 못하다고 강조하며 유럽 지원을 위한 5000억 달러 자금 조성이 필요하다는 종전의 목소리를 더욱 높였다. 솔직한 그녀와는 달리 탁상공론만 거듭하고 있는 서구의 리더들에 대해 뉴욕타임스는 "260여 차례 포럼을 열고 글로벌 이슈를 논의했지만 비공개, 비보도의 보호막 뒤에서 말만 많이 하고 행동을 거의 하지 않는 자유를 만끽했다"고 꼬집기도 했다.

이처럼 강약을 적절히 조절해가며 IMF와 세계 경제를 이끌고 있는 라가르드는 타임을 비롯한 각종 언론에서 선정하는 '영향력 있는 인물'에 최근 몇 년 동안 계속 이름을 올리고 있다. 포브스, 뉴스위크 등 내로라하는 경제 전문지들도 라가르드를 1면 표지 인물로 등장시키며 '파워 피플'임을 확인해주고 있다.

흥미로운 것은 라가르드가 경제나 정치가 아닌 패션 분야에서도 큰 주목을 받고 있다는 사실이다. 심지어 2011년 9월에는 세계적으로 유명한 패션 잡지 보그의 주요 지면을 장식하며 패션계의 핫이슈로 등장하기도 했다.

라가르드는 화이트셔츠와 어두운 색 정장 일색인 정재계에서 단연 튀는 패션을 선보이고 있다. 호리호리한 체격에 큰 키, 단정하게 정리된 짧은 은발의 그녀는 여성미가 극대화된 샤넬의 트위드 재킷에 진주 목걸이를 착용하기도 하고, 보석이 박힌 길다란 귀걸이를 주렁주렁 하거나 민소매 상의를 입고 공식석

보그 화보

상에 모습을 나타내기도 한다. 또한 원색의 비비드한 원피스나 화려한 문양의 스카프, 롱부츠, 할리우드 스타들이나 들 법한 '잇백(It Bag)'도 무난하게 소화하며 남다른 패션 감각을 자랑하고 있다.

다이안 존슨(Diane Johnson)과 가진 보그 인터뷰에서 라가르드는 "우아함의 비결이 무엇이냐"라는 질문에 "우선, 전 운이 좋게도 체형이 크게 변하지 않았어요"라고 답한 후, 이어 예산 내에서 샤넬, 발렌티노, 오스틴리드 등 명품 브랜드를 즐겨 입는다고 솔직히 고백하기도 했다.

그러나 라가르드가 소위 '패셔니스타(Fashionista)' 대열에 이름을 올린 것은 화려한 스타일 때문만은 아니다. 그녀를 더욱 돋보이게 하는 것은 바로 자신감과 당당함이다. 그리고 T.P.O.(Time, Place, Occasion)에 맞는 그녀만의 애티튜드와 특유의 환한 미소도 그 매력에 한몫을 하고 있다.

> 흥미로운 것은 라가르드가 경제나 정치가 아닌 패션 분야에서도 큰 주목을 받고 있다는 사실이다. 심지어 2011년 9월에는 세계적으로 유명한 패션 잡지 보그의 주요 지면을 장식하며 패션계의 핫이슈로 등장하기도 했다.

"성공은 결코 완성되지 않는다"

사실 라가르드는 가부장적인 시각에서 볼 때는 결코 성공한 여성이 못 된다. 그녀는 이혼을 2번이나 했다. 1982년 첫 번째 남편인 윌프리드 라가르드(Wilfrid Lagarde)와 가정을 꾸리고 1986년 큰 아들 피에르-헨리(Pierre-Henry)를, 1988년 작은 아들 토마스(Thomas)를 얻었다. 그러나 결혼 10년 만인 1992년 첫번째 남편과는 이혼했다.

라가르드는 아이들에게도 '타이거 마더(Tiger Mother, 자녀 교육에 있어 극성스러운 어머니들을 지칭하는 신조어)'는 되지 못했다. 그럴 시간이 없었다는 것이다. 하지만 그녀는 그런 양육법이 효율적이라고 생각하지 않는다며 자녀 교육관을 피력했다. "아들이 15살 때 기타가 갖고 싶다고 하더니 스스로 연주하는 방법을 터득했어요. 그런데 그 아이가 7살 때 저는 피아노를 가르치고 싶어서 억지로 연습을 하게 했어요. 아이는 즐거워하지 않았고 결국 피아노를 그만뒀습니다."

라가르드는 최근 일과 어머니 역할을 병행해야 하는 데 대한 고민을 털어놓은 적이 있다. 미국 NBC 방송의 기자인 안드레아 미첼(Andrea Mitchell)과의 인터뷰에서였다. 미첼이 사회적으로 성공한 모델이자 두 아들을 장성시킨 어머니, 이 모든 것을 다 가진 비결이 무엇이냐고 묻자 라가르드는 대답했다.

"모든 것을 다 가질 수는 없습니다. 굉장히 인내심을 발휘할 여력이 있다면 어느 정도 이룰 수는 있겠죠. 하지만 동시에 성공할 수는 없어요." 라가르드는 또 일과 가정의 균형을 잡는 데 있어 실패하거나 지연되는 것은 어쩌면 당연한 일이고 그것을 받아들여야 한다며 현실적인 시각을 드러냈다.

한편 라가르드의 두 번째 남편인 이치랜 길모어(Eachran Gilmour)는 영국인 사업가였는데 그에 대해서는 알려진 바가 거의 없다. 이치랜과도 이혼한 후 그녀는 지중해로 스쿠버다이빙을 하러 갔을 때 코르시카 출신으로 마르세이유에서 사업을 하고 있고 빛나는 머리카락을 가진 크자비에 지오캉티(Xavier Giocanti)와 사랑에 빠졌다.

지오캉티와의 관계에 대해서 역시 라가르드는 그다지 노출하지 않는 쪽을 택했는데, 다만 2007년 그와 결혼할 예정이었으나 당시 글로벌 경제위기가 닥치면서 프랑스 재무장관으로서의 역할에 충실하고자 결혼을 미룬 것으로 알려졌다. IMF 총재가 된 지금도 라가르드는 워싱턴에, 지오캉티는 마르세이유에 머물고 있다.

보그와의 인터뷰에서 라가르드는 지오캉티와의 관계에 대해 이렇게 말했다. "그와는 한 달에 일주일 정도 함께 지내기로 약속했어요. 솔직히 그게 저한테 맞아요. 너무 바쁠테니까요. 누군가를 걱정하거나 저녁 때 뭘 먹을지 논쟁하는 등의 쓸데없는 소모전은 하지 않는 것이 더 편합니다."

사랑하는 사람과의 결혼도 재고할 만큼 라가르드는 자신의 일에 최선을 다한다. 뿐만 아니라 자기 자신을 가꾸는 데에도 철저한 편이다. 그녀는 건강을 위해 매일 오전 5, 6시면 일어나 30분가량 요가와 스트레칭으로 하루를 시작한다. 술은 입에도 대지 않고 채식을 한다.

또 시간이 날 때면 자전거나 수영 등 운동을 즐긴다. 프랑스 재무장관 시절에는 자전거를 타고 공식 행사에 등장한 적도 있었다. 2011년 5월 28일 열린 17번째 '어린이 국회(Children's Parliament)'에 참석하기 위해 파리의 프랑스 국회의사당까지 바구니가 달린 자전거를 타고 와 시선을 끌기도 했다.

노르망디에 있는 라가르드의 집 정원에는 아름다운 장미

화단이 있다. 집에 머무는 시간에 그녀는 장미를 가꾸고 가족을 위해 요리를 하며 살구나 퀸시로 잼을 만들기도 한다. 억지로라도 시간을 내어 '인생 즐기기'를 실천하려고 노력하는 것이다. 그리고 그런 시간들이 더 많았으면 하고 바란다.

하지만 한편으로는 분명히 알고 있다. '성공은 결코 완성되지 않는다'는 것을. 2012년 초 라가르드는 프랑스의 한 신문과의 인터뷰에서 이렇게 말했다. "성공은 끝없는 전쟁입니다. 사람은 매일 아침 자신의 역량을 테스트해야 합니다."

수중발레 선수 시절 배웠다고 말한 소소한 인생의 지혜에서 그녀가 얼마나 성공을 갈망해 왔는지, 그리고 그것을 지키기 위해 지금도 얼마나 애쓰고 있는지 엿볼 수 있다. "그 때 숨을 꾹 참고, 힘들어도 이 악물고 웃고, 다른 사람들과 함께 작업하는 방법을 배웠어요."

2012년 초 다보스포럼에서 페이스북의 COO(Chief Operating Officer, 최고운영책임자) 셰릴 샌드버그(Sheryle Sandberg)와 만났을 때 그녀는 남성 중심의 사회에 첫 발을 디디고자 하는 젊은 여성들에게는 이런 충고를 남겼다. "용감해 지세요. 그것이 첫 번째입니다. 두 번째는 자신을 교육하고 기술을 숙달하는 것입니다. 그리고 그것에 대한 자신감을 가지세요."

도전과 새로움을 두려워하지 않는 용기와 지속적인 자기 개발, 그로부터 나오는 자신감을 자산으로 그동안 라가르드는 가는 곳마다 새로운 역사의 한 페이지를 장식해 왔다. 앞으로 그녀의 '우아하지만 단호한 리더십'이 어떻게 표출될지 오늘도 세계의 이목이 집중되고 있다.

라가르드는 프랑스의 차기 대통령 감으로도 거론된다. 역시 '최초의 여성' 대통령인 셈이다. 그녀를 취재했던 NBC의 안드레아 미첼은 인터뷰 말미에 물었다. "영국엔 마거릿 대처가 있었고, 독일엔 앙겔라 메르켈이 있고, 미국엔 힐러리 클린턴이란 훌륭한 여성 지도자가 있습니다. 그리고 프랑스 역시 여성 지도자를 맞이할 준비가 되어 있는 것 같나요?"

라가르드는 웃으며 대답했다. "그러길 바라야겠네요."

크리스틴 라가르드 약력

1956.01.01.	프랑스 파리 출생
1973.	미국 홀튼-암스스쿨 입학
1977.	프랑스 파리10대학 로스쿨 졸업
1980.	엑상프로방스정치대학 영문학 노동법 석사
1981~1995.	베이커앤드맥킨지 변호사
1995~1999.	베이커앤드맥킨지 이사
1999~2002.	베이커앤드맥킨지 CEO
2004.	베이커앤드맥킨지 글로벌 전략 위원회 회장
2005.06~2007.05.	프랑스 통상부 장관
2007.05~2007.06.	프랑스 농업부 장관
2007.06~2011.06.	프랑스 재무부 장관
2010.	타임 '세계에서 가장 영향력 있는 100인' 선정
2011.07~	국제통화기금(IMF) 총재
2011.	포브스 '세계에서 가장 영향력 있는 인물' 선정
2012.	타임 '세계에서 가장 영향력 있는 100인' 선정
2012.	포브스 '세계에서 가장 영향력 있는 여성' 선정

S h r i n   E b a d i s

인권 운동가

시린 에바디

그러나 그녀는 믿는다. 자신으로부터 시작된

작은 움직임이 나비 효과를 일으켜 결국에는 이란에서,

그리고 인권이 유린당하는 이들이 있는 전 세계 어디에서든

거대한 변화의 바람을 일으킬 것임을.

세계를 깨운 '행동하는 양심'
시린 에바디

시린 에바디는 이슬람권 최초의 노벨 평화상 수상자로 우리나라에도 두 번이나 방문한 적 있는 세계적인 인권 운동가다. 당장 끼니 걱정부터 해야 했던 다른 아이들과 달리 풍족한 환경과 교육 수준이 높은 부모 밑에서 자랐고, 아버지의 뒤를 이어 법대에 진학한 후에는 이란 최초의 여성 판사가 되었다. 그러나 보수적인 시아파 정권이 집권한 이란 혁명과 이라크와의 전쟁 등을 겪으며 마침내 에바디는 이란의, 특히 이란 여성과 어린이들의 비참한 현실에 눈을 뜨게 된다. 이후 인권 전문 변호사로 명성을 쌓아 국제 사회에 나온 그녀는 이란을 비롯한 전 세계 억압받는 이들을 대변하는 '행동하는 지식인'으로서 살고 있다.

시린 에바디_인권운동가

노벨평화상을 수상한 시린 에바디

"노벨 평화상을 수상하는 순간. 세계는 이슬람의 긍정적인 해석에 대한 믿음, 그리고 조국을 평화롭게 변화시킬 수 있다는 이란인들의 열망을 인정하고 있었다." "노벨상 수상 축하를 위해 공항에 모인 인파 중 대부분은 머리에 히잡을 둘러쓴 여성들이었다." "노벨 평화상을 수상한 후 이란에 돌아왔을 때. 공항에 운집한 수많은 사람들은 나의 수상을 축하해 주었다. 나는 그들의 얼굴에서 새로운 희망과 생명력을 보았다." (시린 에바디 자서전 『히잡을 벗고 나는 평화를 선택했다』 [원제 *Iran Awakening* 中])

2003년 9월, 시린 에바디(Shirin Ebadi)는 막내딸 나르게스(Nargess)와 함께 프랑스 파리에서 열린 '도시, 테헤란'이라는 세미나에 참석하고 있었다. 파리에 오기 전 그녀는 노벨 평화상 후보에 자신의 이름이 올랐다는 소식을 전해 들었다. 하지만 이란 신문에서 이름이 삭제되었다는 사실을 알았기에 크게 신경은 쓰지 않고 있었다.

프랑스 여행 마지막 밤에는 세미나 일정을 모두 끝내고 오랜 친구인 압둘 카림 라히지(Abdul Karim Lahiji) 국제인권연맹(IFHR) 부회장의 집에서 하루 머물렀다. 다음날 아침 라히지와 아쉬운 작별을 하고 공항으로 가기 위해 가방을 챙겨들던 찰나, 전화 한 통이 에바디의 발목을 붙잡았다.

전화는 노벨평화상위원회로부터 걸려온 것이었다. 전화를 건 사람은 자신을 소개한 후 중요한 소식이 있을 예정이니 자리를 뜨지 말고 다시 전화를 기다려 달라고 부탁했다.

처음에 에바디는 장난 전화이겠거니 생각했다. 그런데 10분 후 다시 같은 사람으로부터 전화가 걸려왔다. 에바디가 이번에도 부탁을 무시하고 전화를 끊으려 하자 다급해진 상대는 수화기를 다른 이에게 넘겨주었다.

전화를 건네받은 사람은 놀랄 만한 소식을 들려주었다. 몇 분 후 노벨 평화상 선정 결과가 나오니 통보 때까지 잠시만 기다려 달라는 것이었다. 그로부터 얼마 후 이란 최초의 여성 판사이자 인권운동가인 시린 에바디는 이슬람권 여성으로는 처음으로, 그리고 여성으로서는 역대 열한 번째로 노벨 평화상 수상자가 되었다. 민주주의와 인권운동, 특히 여성과 아동의 권리 증진을 위해 투쟁한 공로가 크다는 것이 선정 이유였다.

"여기는 이란입니다"

노벨 평화상 수상이 공식 발표되자 기자들의 전화가 빗발쳤다. 그러나 에바디는 기쁨을 누리기는커녕 당장 테헤란으로 돌아가는 비행기를 탈지 부터 고민해야 했다. 라히지는 테헤란으로 돌아가면 언론 접촉이 쉽지 않을 테니 일단 귀국을 연기하라고 조언했다. 그리고는 곧 기자회견까지 마련해 주었다.

기자회견 자리에서 에바디는 일부의 예상과 달리 조국인 이란에 대한 비난은 전혀 하지 않았다. 그저 담담히, 그리고 분명하게 이란의 인권에 대한 자신의 소견을 펼쳤다.

그 덕분인지 공식 발표 후 프랑스 주재 이란 대사관에서는 사람을 보내 코란을 선물하는 호의를 베풀었다. 심지어 이란 대사는 전화로 직접 축하 메시지를 전했다. 불과 며칠 전만 해도 에바디의 파리 세미나 참석 자체를 저지하려던 그들이었다.

다음날, 에바디와 딸 나르게스는 파리의 공항에서 수많은 지지자들의 환영을 받으며 테헤란 행 귀국 비행기에 올랐다. 비행기 기장은 그 여정을 '평화의 비행'이라 이름 붙이고 기내에 있던 사람들과 함께 축하를 나누었다.

생애 처음 넘치는 환대 속에서 비행을 하던 에바디의 머릿속은 여전히 오만 가지 생각들로 어지러웠다. '이란 정부에서는 이 일을 어떻게 생각할까.' '평화라는 이름의 이 상이 나를 보호해 줄까. 아니면 나를 죽이려고 했던 사람들이 오히려 더 공격적으로 나올까.' '그래도 이제 고군분투하고 있는 우리 비정부 기구에 사무용 기구들을 들여놓을 수 있겠구나.'

그러는 동안 비행기는 마침내 테헤란의 공항에 착륙했다. 승무원의 요청에 따라 제일 먼저 비행기에서 내린 그녀의 눈에 가장 먼저 들어온 것은 딸의 귀환을 축하하기 위해 나온 어머니의 환한 얼굴이었다. 에바디는 어머니의 주름진 손을 잡고 입을 맞추었다.

자정이 다 된 시간이었지만 공항은 에바디를 보기 위해 몰려든 사람들로 인산인해를 이루고 있었다. 공항 주변 도로까지 사람들이 점거한 탓에 길이 막혀서 비행기 운항이 모두 취소될 정도였다.

그 인파 가운데에는 에바디의 목에 화환을 걸어준 이슬람의 위대한 성직자 아야톨라 루홀라 호메이니(Ayatollah Ruhollah Khomeini)의 손녀도 있었다. 접견실에서는 개혁주의 성향의 부통령과 정부 대변인 등이 기다리고 있었다.

테헤란의 공항에 그렇게 많은 사람들이 모인 것은 1979년, 추방당했던 아야톨라 호메이니가 이슬람 혁명을 완성하기 위해 테헤란으로 돌아왔던 날 이후 처음 있는 일이었다. 그러나 인파의 구성은 24년 전과는 사뭇 달랐다.

공항과 그 주변을 가득 메운 이들 중 상당수는 바로 에바디와 같은 여성이었다. 그들은 얼굴을 모두 가리는 검은 차도르(Chador) 대신 밝은 색 베일이나 스카프 형태의 히잡(Hijab)을 머리에 두르고 있었다. 그래서 에바디는 자신을 향해 꽃을 든 손을 흔드는 그녀들의 밝은 표정을 볼 수 있었다.

그 때 한 여성이 에바디의 눈에 들어왔다. 자유광장의 아치형 기념물 아래에서 아이의 손을 잡고 있는 젊은 여성이었다. 아이를 잡지 않은 다른 손에는 급히 만든 것으로 보이는 플래카드가 들려 있었는데, 그것을 본 순간 에바디는 잠시 숨이 멎는 듯했다. 그 문구는 바로 이것이었다.

'여기는 이란입니다.'

> 테헤란의 공항에 그렇게 많은 사람들이 모인 것은 1979년, 추방당했던 아야톨라 호메이니가 이슬람 혁명을 완성하기 위해 테헤란으로 돌아왔던 날 이후 처음 있는 일이었다. 그러나 인파의 구성은 24년 전과는 사뭇 달랐다.

'다음 처형할 사람은 시린 에바디'

노벨 평화상 수상만큼이나 인생에서 잊을 수 없는 순간을 꼽으라면 아마 에바디는 2000년 가을 이란의 법무부에서 지식인 암살 사건의 조사파일을 열람하던 때를 떠올릴 것이다.

테헤란대학교 법과대학을 졸업한 후 이란 최초의 여성 판사가 되어 테헤란시 법원장 자리에까지 올랐던 에바디는 1979년 이란 혁명으로 이슬람 시아파로 이루어진 보수 정권이 들어서면서 여성의 법관 임용 금지 규정 때문에 강제로 해직되었다. 이후 그녀는 변호사로 활동하며 인권운동과 민주주의 투쟁에 매진했다.

평생 잊지 못할 기억으로 남은 그 날 에바디는 1998년 11월 무참히 살해당한 이란의 반체제 지식인 가족들을 변호하기 위해 사건을 조사하고 있었다. 재판장은 희생자 측 변호인들에게 딱 열흘 동안만 전체 문건을 열람할 수 있도록 허락했다.

수십 명의 무고한 목숨을 앗아간 끔찍한 사건의 진상을 파악하기 위해 에바디와 변호인단은 산더미 같은 서류들을 쉬지도 못하고 검토하고 있었다. 오후가 되자 녹초가 된 몸을 추스르며 다시 꼼꼼히 서류를 읽어 내려가던 에바디는 정부 관료와 암살 전담반의 한 사람이 나눈 대화 부분을 읽게 되었다.

그녀의 눈길이 멈춘 곳에는 이렇게 적혀 있었다. "다음 처형할 사람은 시린 에바디." 에바디는 그 문장을 읽고 또 읽으며 목이 타는 것을 느꼈다. 정보부 장관은 그녀의 암살 승인 요청에 대해 "라마단 기간 이후라면 언제든지 좋다"라는 답변을 보낸 것으로 기록되어 있었다.

그 방에는 지식인 암살 사건에서 가장 먼저 희생된 사람의 딸이 함께 있었는데, 그녀의 부모는 한밤중에 테헤란의 집에서 칼에 난도질당해 잔인하게 몸이 절단된 채 죽음을 맞이했다. 이슬람을 폭력적으로 해석한 암살자들에게 희생자들의 피를 보는 행위는 '신이 인정한 것'이었고, 신을 저버린 에바디와 같은 지식인을 죽이는 것이 바로 그들의 종교적 의무였다.

자신이 암살당할 뻔했다는 믿지 못할 사실을 알게 된 그 순간은 이후 몇 년 동안이나 에바디를 괴롭혔다. 그녀는 두려움보다 왜 그들이 그토록 자신을 죽이고 싶어 하는지 이해할 수 없었다. 그리고 자신이 그들의 증오를 없애기 위해 무엇을 해야 할지 고민했다.

그러나 그 당시에는 그러한 고민들을 할 마음의 여유 따위는 없었다. 자료 열람에 허락된 짧은 시간을 개인적인 이유로 허비할 수 없었기 때문이다. 자료 검토를 모두 마치고 법정 밖으로 나온 후 비로소 에바디가 다른 변호사들에게 사실을 이야기하자, 그들은 "신이여, 감사합니다"라고 외쳤다.

그날 밤 집으로 돌아온 에바디는 차가운 물로 샤워를 하며 자신이 살아있음을 다시 한 번 실감했다. 그녀는 자신의 의뢰인 가족들과는 달리 죽음을 피했고, 그 역시 신의 뜻이었다. 샤

워를 마치고 딸아이를 재운 다음에야 그녀는 남편에게도 그 일을 이야기할 수 있었다. "당신, 오늘 무슨 일이 있었는지 알아요?"

불안한 조국과는 무관했던 어린 시절

에바디는 1947년 6월 21일 이란 중서부 지역인 하마단에서 태어났다. 그녀의 가족은 에바디가 한 살이 되던 해 대도시인 테헤란으로 이사했는데 에바디는 교육과 문화 수준이 비교적 높은 이슬람 가정에서 1남 3녀 가운데 둘째 딸로서 사랑을 받으며 자랐다.

아버지 모하마드 알리 에바디(Mohammad Ali Ebadi)는 능력 있는 변호사로 시의 공증인 역할을 하고 있었고 이란의 상거래법에 큰 공헌을 한 법대 교수이기도 했다. 어머니는 의사가 되고자 했던 꿈을 결혼으로 인해 포기해야 했지만 에바디를 비롯한 네 명의 자식들에게는 더없이 헌신적인 여성이었다.

에바디는 매년 여름 가족과 함께 부모님이 자란 하마단으로 돌아가 할머니가 갖고 있는 과수원집에서 지냈다. 에바디가 초등학교에 들어가기 바로 전 해인 1953년에도 에바디의 가족들은 그곳에서 여름을 나고 있었다.

에바디의 할머니는 인자한 분이었는데, 에바디는 그 여름 처음으로 할머니가 큰 소리로 호통 치는 것을 들었다. 무더위가 한창이던 8월 19일이었다. 에바디와 아이들은 그 날도 과수원을 헤집고 다니며 실컷 놀다가 해질녘이 되어서야 집으로 돌아왔다.

그런데 집 안에는 심상치 않은 분위기가 감돌고 있었다. 어른들은 모두 라디오 앞에 모여 있었고 꽤나 심각한 표정이었다. 하지만 그런 어른들에는 아랑곳없이 에바디와 아이들은 여전히 시끄럽게 거실을 돌아다녔다. 그 때 할머니가 무서운 얼굴로 조용히 하라고 야단을 친 것이다.

당시 라디오에서 흘러나온 뉴스는 이란 사회를 혼돈 속에 몰아넣은 쿠데타에 관한 것이었다. 쿠데타로 정권을 장악한 이란의 국왕 모하마드 레자 샤 팔레비(Mohammad Reza Shah Pahlevi)는 당시 총리인 모하마드 모사데그(Mohammad Mossadegh)를 축출했으며 이는 이란 국민의 승리라고 선포했다.

모사데그는 이란의 석유 산업을 국유화해 서구 열강의 불평등한 협약을 무마시키고 근대화를 앞당기는 등 노련한 정치력을 보여준 명망 있는 지도자였다. 1951년 국민에 의해 민주적으로 총리에 선출되었을 뿐 아니라 민족주의 지도자로서 '이란 독립의 아버지'라 불리며 이란 국민의 두터운 신임을 얻고 있었다.

그런 모하메드가 미국 CIA와 그 꼭두각시였던 팔레비가 주도한 나흘 동안의 소요 끝에 결국 쿠데타로 쫓겨나자 에바디네 가족들은 침울한 분위기에 휩싸일 수밖에 없었다. 하지만 물론 아직 어렸던 에바디는 당시 왜 할머니와 어른들이 그렇게 심각해 하는지 알려고 듣지도 않은 채 거실 구석에서 연신 킥킥거리고 있었다.

그 사건 이후 에바디의 아버지는 집에서 정치에 대해 논하는 것을 거부했다. 그래서 에바디 역시 정치에는 무관심한 채 평온한 어린 시절을 보냈다. 아버지는 또 당시 이란 가정의 일반적인 관습과 달리 자식들에 있어 남녀차별을 하지 않았다. 그 덕분에 자라면서 한 번도 외동아들인 다섯 살 아래의 남동생과 자신이 다른 대우를 받는다는 생각은 해보지 않았다.

"노예 판사보다 자유 시민을 택하겠어요"

1965년 에바디는 아버지의 뒤를 이어 법학도가 되기로 하고 테헤란대학교 법과대학에 들어갔다. 그녀는 판사가 되고 싶었다. 그러나 당시 이란 사회는 여전히 불안정했고 대학에서도 연일 시위가 이어졌다.

에바디가 대학에 들어가기 전 해에 아야톨라 호메이니는 반체제적인 연설을 했다는 이유로 이라크로 추방당했다. 이후 팔레비 정권은 비밀 경찰인 사바크(SAVAK)를 대학 교정에까지 보내 반체제적 활동을 하는 자들을 추출해냈다.

시위대가 원하는 것은 수업료 인하였다. 하지만 그것은 표면적인 이유일 뿐 그들이 진정으로 내고자 하는 목소리는 미국에 막대한 석유를 바치고 있던 이란의 경제적 독립과 국민들의 빈곤 문제 해결, 팔레비의 독재에 대한 반발이었다.

대학 시절의 시린 에바디

에바디도 하루 걸러 치러지는 학내 시위에 참석하곤 했다. 하지만 뚜렷한 정치의식이 있었다기보다는 그저 시대의 트렌드에 따른 것이었다. 시위 참석은 이란의 젊은이들 사이에서 마치 유행처럼 번지고 있었기 때문이다.

그 와중에 에바디는 삼 년 반 만에 학위를 취득하고 스물 세 살의 어린 나이에 판사가 되었다. 정식으로 법관의 지위를 갖게 되던 날 그녀는 두 명의 학생 대표 가운데 한 명으로서 선서를 했다. 그 자리에는 법무부 장관과 고위 공직자, 법과대학 교수도 함께 했다.

비록 국민들에게 존경을 받지 못하는 정부였지만 에바디는 법관으로서 자부심을 느꼈다. 정부를 위해 일한다고 해도 그것이 곧 정부를 지지하는 것은 아니라고 생각했다. 이란 국민들도 정치와는 별개로 법에 대한 신뢰를 보여주었고 실제로도 이란의 법률 체계는 공평함을 유지하고 있었다.

1971년 국왕 팔레비가 전 세계의 군주와 대통령들을 모아놓고 호사로운 잔치를 벌였을 때도 에바디는 여전히 정치에는 큰 관심을 두지 않았다. 그 행사는 페르시아의 옛 영광을 기리는 동시에 팔레비의 세를 과시하는 자리로 수만 명이 동원되고 수억 달러의 경비가 들었다. 뿐만 아니라 텔레비전으로 생중계되기까지 했다.

이라크로 추방된 아야톨라 호메이니는 그 행사에 대해 짧지만 강한 비난 성명을 발표했다. 이란의 현실과는 완전히 동떨어진 팔레비의 호화 파티에 대해 호메이니는 "진정 사람들이 행복해 하고 만족하는가"라며 되물었다. 당시 국민들은 목욕탕도 없는 나라에서 가난한 삶을 이어가고 있었다.

1978년 여름이 되자 이란 내 분위기는 확연히 달라졌다. 성난 시위대들은 비밀 경찰 사바크와 정면으로 대치했다. 그런 가운데 이라크와의 국경 지역인 아바단에서는 극장에 불이나 400여 명이 화마에 희생되는 끔찍한 사건이 발생했다.

그 화재로 인해 이란 국민들은 국왕인 팔레비가 사리사욕을 위해 국가의 안위는 물론 무고한 국민의 목숨마저 빼앗는 미국의 꼭두각시에 불과하다는 사실을 확실히 깨닫게 되었다. 약 한 달 후 라마단 기간이 지나자 10만여 명의 사람들이 거리로 나와 팔레비를 향한 반기를 들었다.

테헤란의 도로를 점령한 그들과 마찬가지로 에바디도 이번에는 행동에 나섰다. 그녀는 몇 명의 판사들과 함께 장관의 방으로 쳐들어갔다. 장관 대신 자리를 지키고 있던 나이 많은 판사가 그녀를 발견하고는 짐짓 놀라며 왜 여기에 있느냐고 물었다. 에바디는 그에게 단호한 어조로 대답했다. "노예 같은 판사가 되느니 자유로운 이란인이 되는 편이 나을 것 같습니다."

그 날 이후 에바디는 본격적으로 혁명에 찬성하는 대열에 합류했다. 법무부 직원들은 그녀의 방에 모여 혁명의 정당성에 대해 이야기했고, 그녀에게 프랑스로 망명한 아야톨라 호메이니를 위해 프랑스 대통령에게 보내는 편지를 쓰는 일을 맡기기도 했다.

마침내 1979년 1월 16일, 수십 년을 버텨온 팔레비의 시대가 끝이 났다. 팔레비는 이란의 흙을 담은 작은 상자를 가지고 이란을 떠났다. 팔레비가 떠나고 얼마 후인 2월 1일, 타국에서 이란 국민의 정신적 지도자 역할을 하며 혁명을 지휘해 왔던 아야톨라 호메이니가 프랑스 항공기를 타고 테헤란으로 돌아왔다. 16년여에 걸친 망명 생활로 지쳐보였지만 그는 담담히 조국의 땅으로 다시 발을 내딛었다.

두 달 후인 1979년 4월, 호메이니는 국호를 '이란 이슬람 공화국'으로 바꾸고 이란이 통치자 개인이 아닌 국민의 나라임을 전 세계에 선포했다. 2000년 간 이어졌던 페르시아 왕조가 막을 내리는 순간이었다.

> 나이 많은 판사가 그녀를 발견하고는 짐짓 놀라며 왜 여기에 있느냐고 물었다. 에바디는 그에게 단호한 어조로 대답했다. "노예 같은 판사가 되느니 자유로운 이란인이 되는 편이 나을 것 같습니다."

여성을 옥죄어 오는 혁명의 배신

혁명은 많은 것을 바꿔 놓았다. 그러나 모두 긍정적인 변화는 아니었다. 특히 여성들에게는 말이다. 에바디는 훗날 출간된 자서전에서 그 변화를 '혁명의 쓰디쓴 배신'이라고 불렀다.

우선 여성들은 다시 머리에 히잡을 쓰라는 '권유 아닌 권유'를 받았다. 그것은 혁명이 곧 여성의 자유를 억압할 것임을 알리는 첫 번째 경고였다. 여성 판사로서 혁명에 적극적으로 동참한 에바디에게도 그 억압은 현실로 다가왔다.

혁명 이후 파톨라 바니 사드르(Patola Bani Sadr)가 법무부 감독관으로 부임했다. 그는 그 얼마 후 이란의 대통령에 당선된 아볼하산 바니 사드르(Abolhassan Bani Sadr)의 동생이었는데, 에바디를 처음 만난 자리에서 그가 한 말은 "호메이니를 존경하는 의미에서라도 머리를 가리는 것이 바람직하지 않소?"였다.

내심 혁명 동지로서 자신을 칭찬해 주리라 기대했던 에바디는 그 말에 충격을 받았다. 그녀가 지금까지 한 번도 히잡을 쓴 적이 없는데 지금부터 쓰는 것이 오히려 위선적인 일이 될 것이라고 대답하자 바니 사드르는 "그러면 위선이 아닌 믿음으로 쓰시오"라고 응수했다.

에바디는 물론 그의 말을 따르지 않았다. 이후 바니 사드르는 그녀에게 판사직을 내놓고 법무부 조사국으로 옮기라고 제안했다. 겉보기에는 당시 임신 중이었던 에바디를 위한 조처 같았으나 그녀는 그 인사이동이 무엇을 의미하는지 분명히 알고 있었다.

그것은 이제 더 이상 여성에게는 판사로 법정에 설 기회를 주지 않겠다는 의미가 될 수 있었다. 실제로 그렇게 되지는 않더라도 적어도 사람들은 그렇게 믿고 수근댈 것이 분명했다. 이미 법무부 내에서는 혁명 정부가 여성의 판사직을 금지할 것이라는 소문이 파다했다.

에바디는 이번에도 그 '제안'을 거절했다. 바니 사드르는 조사국으로 가지 않으면 법원 보조직으로 좌천시키겠다고 경고했지만 그녀는 단호했다. 절대 스스로 판사직을 물러날 생각이 없었다.

하지만 그 몇 달 후 에바디는 결국 판사직을 박탈당했다. 그 결정은 1980년을 하루 앞둔 1979년 12월의 마지막 날에 내려졌다. 한 지방 법원에서 열린 숙청위원회 회의에서 그녀는 법무부 사무처로의 전근 통보를 받았다. 그저 서류 정리나 돕는 한직이었다. 심지어 평소 친분이 있던 판사들은 그녀가 사무처 근무 대신 '휴가'를 가는 것이 낫겠다고 거들었다. 말이 휴가이지 사실상 해고나 다름없었다.

당시 에바디는 임신 6개월이었다. 그녀는 자신의 부른 배에 손을 얹고 출산 휴가는 고용법에 보장된 정당한 권리라고 주장했다. 하지만 숙청위원회 사람들은 그 말은 깡그리 무시한 채 자기들끼리 열을 내기 시작했다. "여자 판사들은 체계적이지 못해." "그들은 늘 산만해." "의욕도 없고 일하고 싶어 하지 않는 게 분명해."

화가 난 에바디는 바로 그 자리를 떠났다. 어떻게 집에 돌아왔는지 기억도 나지 않을 정도로 분노와 배신감에 휩싸여 넋이 나간 상태였다. 마침내 현관 앞에 섰을 때 그녀의 다리 사이에서는 한 줄기 피가 흘러내리고 있었다. 다행히 그 일로 소중한 첫 딸을 잃지는 않았지만 그 날의 치욕스러운 경험은 에바디의 인생을 송두리째 바꿔놓는 시발점이 되기에 충분했다.

강제 전근을 당한 에바디는 업무를 거부하는 것으로써 부당한 인사 조치에 대한 항의를 표명했다. 다행히 평소 그녀와 잘 알고 지내던 사무처장은 그런 에바디를 내버려두었다. 에바디는 매일같이 출근은 했지만 아무 하는 일 없이 그저 자리만 지키고 있었다.

한 번은 그녀를 좌천시킨 파톨라 바니 사드르가 대통령이 된 자신의 형의 법률 자문관으로 일하는 것이 어떻겠냐고 제안했다. 하지만 역시 에바디는 그 제안을 거절했다. 법무부 사무처 일보다는 훨씬 낫겠지만 얄팍한 정치꾼의 일원이 되고 싶지는 않았다.

에바디는 이란 혁명을 이끈 호메이니와 그 무리들이 실상은 이전의 팔레비와 별반 다르지 않다고 느끼고 있었다. 팔레비가 미국의 꼭두각시 역할을 하며 사욕을 채웠다면 혁명 인사들은 국민을 꼭두각시로 세워 자신들의 권력욕을 채우고 있었다.

그것을 깨닫게 한 결정적 계기가 된 사건은 1979년 11월 일어났다. 자신들을 '호메이니의 길 추종자'라고 밝힌 젊은이들이 미국 대사관을 습격해 직원들을 인질로 삼았는데 호메이니가 그들의 행동을 용감하다고 칭찬한 것이다. 심지어 '제2의 혁명'이라며 치켜세웠다. 국민들도 호메이니의 과격함에 동조해 이란이 미국을 패배시켰다는 과장된 자부심을 드러냈다.

하지만 외국 대사관 직원을 상대로 한 인질극은 분명히 국제법을 위반한 행위였다. 미국은 그 일에 대해 미국 내 이란의 자산을 동결하는 보복 조치를 단행했다. 이란이 외교관을 인질로 잡았으니 미국은 돈을 인질로 잡겠다는 식이었다.

에바디는 인질극을 벌인 그 단체도, 그들을 영웅으로 만들어 국민들을 선동하는 호메이니도, 그리고 사람과 돈을 같은 가치 선상에 놓고 있는 듯한 미국도 도무지 이해가 되지 않았다. 정의란 것이 과연 있는지 의문이 들었다.

그러나 이란 국내 분위기는 에바디의 생각과는 정반대로 흘러갔다. 호메이니의 지원 아래 인질극은 무려 444일이나 계속되었고, 그 동안 반미 감정은 더욱 격해져 미국 대사관 인질극을 벌인 이들은 새로운 혁명가로 추앙을 받았다. 훗날 인질극을 주도한 단체에서는 이란 이슬람 공화국을 이끄는 정부 인사들이 여럿 배출되었다.

여성의 목숨은 남성의 절반 가치다?

법무부 사무처에서 의미 없는 하루하루를 보내던 에바디는 이후 그녀의 인생에서 평생 투쟁의 대상이 될 문제의 법 조항과 만나게 된다. 혁명 정부가 새로 선포한 이란 이슬람 공화국의 형법이었다.

어느날 무심코 펼쳐든 한 일간지에 형법의 초안이 실려 있었다. 처음 그것을 봤을 때 에바디는 자신의 눈을 의심했다. 이란 이슬람 공화국의 기초가 될 형법이 국민에게 어떠한 고지나 투표도 없이 갑자기 일간지 지면에 등장했다는 것도 놀라웠지만, 그 이상으로 그녀를 경악하게 한 것은 그 내용이었다.

형법 초안에 따르면 여성의 생명이 지니는 가치는 남성 생명 가치의 절반밖에 되지 않았다. 예를 들어 같은 사고를 당해 보상을 받을 때도 여성에게는 남성의 절반에 해당하는 금액만 주면 되며, 법정 등에서의 발언권도 여성에게는 남성의 절반만 주어진다. 물론 그 발언의 효력도 남성의 절반만 인정된다.

에바디는 그 형법이 1400년 전 이슬람이 태동하던 시기에 만들어진 것과 진배없다고 느꼈다. 여성이 죄를 지으면 신체를 절단하거나 돌로 쳐 죽임으로써 징벌을 가하던 7세기의 법 조항과 하나도 다르지 않았다.

치밀어 오르는 분노를 참으며 집에 돌아와 겨우 열을 삭이고 텔레비전을 켰을 때 에바디는 더 말도 안 되는 광경을 보았다. 진지한 표정의 아야톨라 호메이니가 형법에 반대하는 사람은 이슬람에 반대하는 것으로 간주해 누구든지 엄벌에 처하겠다고 말하고 있는 것이었다. 이후 실제로 불합리한 형법에 대해 항의 서한을 보낸 테헤란대학교의 법대 교수들 몇몇은 곧바로 교수직을 박탈당했다.

에바디는 우선 개인적인 대처에 나섰다. 형법으로 인해 바뀔 수 있는 자신의 인생에 대한 대비로써 남편과의 동등한 부부관계를 유지할 수 있는 근거부터 만들었다. 형법에서는 여성이 이혼을 요구할 수 있는 권리를 허락하지 않았기 때문이다. 만약 이혼을 한다고 해도 아이들의 양육권은 남편에게 우선권이 주어질 터였다.

에바디는 자신의 이혼 제기 권리와 양육권 우선 청구 권리 등을 명기한 '결혼 서약서'를 만들었다. 그리고 남편에게 그것에 서명하고 정식으로 공증을 받자고 이야기 했다.

에바디의 남편인 자바드 타바솔리안(Javad Tavassolian)은 지식인과는 거리가 먼 전기 엔지니어였지만, 판사였던 그녀와의 결혼을 주저하지 않을 정도로 소신 있는 사람이었다. 보수적인 집안에서 자랐음에도 불구하고 다른 이란 남성들과 달리 개방적이고 융통성이 있었다.

두 사람이 처음 만난 것은 1975년 봄이었다. 에바디가 판사가 된 이듬해였다. 당시 에바디는 제대로 된 결혼 상대를 찾을 수가 없었다. 이란 남성들이 판사라는 에바디의 직업을 부담스러워했기 때문이다. 소위 현대적인 교육을 받았다는 남성들도 속으로는 부인이 남편에게 무조건 복종해야 한다고 생각해 독립심 강한 에바디와의 교제를 꺼렸다.

그러나 타바솔리안은 좀 달랐다. 그는 에바디의 직업을 알고도 그녀에게 호감을 표현했다. 동료의 친구였던 그는 법률 자문을 위해 에바디의 방을 찾은 이후 바로 그녀에게 데이트를 신청했다. 어느 정도는 관심이 있었던 에바디가 몇 번 만나주자 그는 청혼까지 했다.

에바디는 서로를 좀 더 알기 위해 6개월 정도 더 교제한 후 다시 한 달의 유예기간을 갖자고 제안했다. 만나지 않는 동안에도 서로에 대한 마음이 그대로이면 결혼을 하자는 것이었다.

그리고 그 한 달 동안 에바디는 타바솔리안이 자신과 의미 있는 삶을 함께 할 진정한 배우자라는 확신을 갖게 되었다. 마침내 그들이 결혼에 골인 했을 때 에바디는 스물여덟 살이었고 타바솔리안은 서른세 살이었다.

결혼 후 5년여 동안 에바디와 타바솔리안은 동등한 지위에서 결혼 생활을 꾸려갔다. 그러나 말도 안 되는 구시대적 형법이 그들의 사이를 멀어지게 할지도 모른다는 생각에 에바디는 결국 결혼 서약서 공증이라는 특단의 제안을 남편에게 하게 되었다. 타바솔리안은 그녀의 제안을 흔쾌히 받아들였고, 지금도 에바디의 가장 든든한 지지자가 되어주고 있다.

혁명과 전쟁 속에서 얻은 교훈

혁명 이후 공식화된 여성에 대한 정치적 억압의 충격이 가시기도 전에 이란은 더 큰 혼란에 빠졌다. 1980년 9월 이라크가 이란에 대해 선제공격을 가함으로써 전쟁이 일어난 것이다.

전쟁의 직접적 원인은 1975년 양국 간에 체결된 국경 협정인 '알제 협정'을 이란이 파기한 데 있었다. 호메이니 정부는 혁명의 성공에 도취된 채 알제 협정 당시 이라크의 영토로 약속했던 샤트 알 아랍 수로와 호르무즈 해협의 3개 섬을 무력으로 장악했다.

그러나 전쟁의 근본적 배경에는 이란 국민이 페르시아 민족인 반면 이라크 국민은 아랍 민족이라는 인종적 갈등이 내재되어 있었다. 또한 양국 모두 이슬람교를 숭배했지만 이란 혁명 정부가 시아파인 것과 달리 사담 후세인의 이라크는 수니파여서 종교적 갈등도 팽배했다.

에바디의 자서전

이러한 여러 가지 인종, 문화, 종교 문제가 맞물려 전쟁은 1988년 8월 UN 안전보장이사회의 정전 결의안이 수용되기까지 8년 동안이나 지루하게 계속되었다. 무려 50만 명이 목숨을 잃었지만 정전으로 미사일의 공포는 일단 사라졌다.

그러나 끝이 아니었다. 이란은 아직 혁명 정부가 테헤란을 완전히 장악하기 전이었고, 또 한 번의 내전이 기다리고 있었다. 그 중심에는 모자에딘-에 할그(Mojahedin-e Khalgh Organization, MKO)라는 반체제 조직이 있었다.

MKO는 1960년대 생겨난 단체로 폭력적 성향이 강한 조직이었다. 혁명 전까지는 무력 투쟁보다는 시대의 지성으로 불리던 이란의 사회학자 알리 샤리아티(Ali Shariati)의 저항 이념을 토대로 젊은이들을 포섭하는 데 열을 올렸다. 특히 사회주의자나 온건 성향의 중간 계층이 주 타깃이었다.

혁명 이후 호메이니의 급진파는 자신들과 정치적 성향이 다른 MKO를 반혁명파로 규정하고 처단에 나섰다. 그러는 가운데에도 많은 젊은이들은 MKO에 매료되곤 했는데, 에바디의 남편 타바솔리안의 막내 동생인 푸아드(Fuad)도 마찬가지였다.

MKO는 전쟁의 발발과 함께 다시 힘을 얻었다. 무정부 상태나 마찬가지인 테헤란에서 세를 확장해 가던 그들은 이라크와 손을 잡고 게릴라를 양성해 사담 후세인을 지원했다. 후세인의 군대를 등에 업고 호메이니 정권을 전복시키려는 의도였다.

정전 직후 MKO는 테헤란으로의 무력 진입을 시도했다. 그들은 이란 국민도 호메이니 정권의 붕괴를 원한다고 믿었다. 하지만 그것은 오판이었다. 이미 전쟁에 지칠 대로 지친 대중들은 또 다른 폭력에 함께 소요하지 않았다. 호메이니의 수비대는 MKO를 제압하고 그들에 동조한 가족이나 주변 사람들까지 억류하는 등 강경하게 대처했다. 수천여 명이 북부 테헤란에 있는 에빈이라는 이름의 감옥에 수감된 채 처형당했다. 그 처형 대상 가운데 에바디의 시동생 푸아드도 포함되어 있었다.

푸아드는 이미 7년 전 20년 형을 선고받고 수감되어 있었다. 죄목은 신문을 판 것이었는데, 사실 그는 MKO의 진정한 추종자도 아니었다. 오히려 혁명의 이상주의에 대한 자신의 사상적 호기심이 가족에게 피해를 주진 않을까 걱정하는 어리고 착한 10대 소년에 불과했다.

그런 푸아드가 MKO의 일원으로 몰려 재판 한 번 제대로 받지 못하고 가족도 모르는 사이에 처형당했다. 심지어 푸아드의 유품을 넘겨주며 에빈 감옥의 간수는 앞으로 1년 동안 그의 장례식도 치르면 안 된다고 주의를 주었다.

　푸아드의 처형 소식을 들었을 때 에바디는 슬픔보다 분노에 몸서리를 쳤다. 아마 그 순간이 그녀를 우유부단한 지식인에서 훗날 행동하는 인권 운동가로 연결해 준 '커넥팅 더 닷(Connecting The Dots)'이었을 것이다.

　죄 없는 한 생명을 앗아가 놓고 그 죽음을 애도조차 못 하게 하는 현실에 에바디의 양심은 반기를 들 수밖에 없었다. 그래서 푸아드의 처형에 대해 말하면 안 된다는 것을 알면서도 이 사람 저 사람에게 이야기하고 다녔다. 이미 그녀는 그것이 위험한 행동이라는 생각은 할 여력도 없었다.

> 푸아드의 처형 소식을 들었을 때 에바디는 슬픔보다 분노에 몸서리를 쳤다. 아마 그 순간이 그녀를 우유부단한 지식인에서 훗날 행동하는 인권 운동가로 연결해 준 '커넥팅 더 닷(Connecting The Dots)'이었을 것이다.

여성과 아동을 위한 인권 변호사로

1989년 6월 혁명 정부를 이끌던 아야톨라 호메이니가 지병으로 세상을 떠났다. 정부는 전쟁으로 인해 아직 완성 단계에 이르지 못한 혁명을 공고히 하기 위해 사회적 제재에 정치적 무게를 실었다.

특히 '코미테(Komiteh)'로 불리는 풍속 단속 경찰들이 활개를 쳤다. 그들은 공개적인 장소에서 국민들의 일거수일투족을 감시했을 뿐 아니라 개인의 집 안에서의 일까지 검열하려 들었다. 그리고 공공장소에서 채찍을 휘두르는 등 상식 이하의 일들을 아무렇지도 않게 자행했다.

여성들은 교육의 기회도 박탈당하기 일쑤였다. 아버지들은 자신의 딸이 히잡을 벗어던지고 학교에 가서 남자 아이들과 어울리는 것을 허용하지 않았다. 이혼은 금기시됐으며 심지어 피임을 금지하는 친출산 정책도 시행되었다.

이란 이슬람 공화국은 급증하는 인구를 감당하지 못한 채 점점 가난해졌다. 정부는 고육지책으로 국가 재건을 위해 여성의 손을 빌리기로 하고 1992년에는 여성이 법과 관련된 일을 할 수 있도록 허용했다.

에바디는 자신의 집 아래층에 변호사 사무실을 열었다. 하지만 이미 이란의 법조계는 부패가 판을 치고 있었다. 그녀는 가장 공정해야 할 법의 불공정성을 온몸으로 느꼈다. 그렇다고 변호사로서 돈을 벌기 위해 부정과 타협하는 길을 택할 수는 없었다. 그녀의 양심과 자존심이 허락하지 않았다. 결국 그녀는 돈을 포기하고 무료 변론 사건만 맡게 되었다.

에바디는 특히 여성과 아동의 인권 보호를 위한 일에 적극적으로 나섰다. 여전히 여성의 가치가 남성의 절반밖에 되지 않는다고 규정한 형법 아래에서 그 선택은 다소 무모해 보였지만 그녀는 더 이상 법이라는 이름으로 여성과 아이들의 인권이 유린되는 것을 좌시할 수 없었다. 그녀 자신도 여성이었고 두 딸의 어머니였다.

그러나 에바디는 법조인답게 감정적으로 문제를 해결하려 들지 않았다. 자신이 살고 있는 이란의 현실을 직시하고 냉정하게 사건을 해결할 수 있는 근거를 마련했다. 이란의 법은 코란의 해석에 따라 여성의 사회적 지위를 제재하고 있었다. 그래서 에바디는 법의 불합리한 부분을 뒤집기 위해 이슬람 법전을 샅샅이 뒤져 평등주의적 경구를 찾는 데 몰두하곤 했다.

그러던 어느 날, 에바디는 레일라 파시라는 열한 살 소녀의 사건을 맡게 되었다. 1996년 여름, 파시는 마을 뒤편 언덕에서 생계를 위해 시장에 내다팔 야생화를 꺾다가 괴한 세 명에게 강간을 당한 후 무참히 살해당했다. 남자들은 저항하는 파시를 난폭하게 폭행하고 윤간한 후 낭떠러지 아래로 던져버렸다.

지방 경찰은 세 남자를 검거했는데 그 중 핵심 용의자가 혐의를 시인하고는 감옥에서 목을 매 자살하고 말았다. 다른 둘은 범죄 사실을 부인했지만 법원은 그들의 혐의를 인정하고 사형을 구형했다.

그러나 법은 피해자의 가족들에게 오히려 독이 되었다. 남성의 생명이 여성의 두 배라는 이란 형법의 규정 탓에 두 남자의 처형에 대한 보상금, 즉 '피 묻은 돈(Diyeh)'이 파시의 죽음에 대한 대가보다 더 많다고 판결한 것이다.

파시의 아버지는 딸의 명예 회복을 위해 가족의 오두막까지 팔아야 했지만 그것으로도 부족해 신장까지 팔겠다고 나섰다. 그러나 약물 복용 전력이 있던 그의 신장은 가치가 없었다. 파시의 오빠 역시 소아마비 장애인이어서 신장을 팔 수 없었다.

부자가 나란히 신장을 팔겠다고 나서자 이상하게 여긴 의사가 자초지종을 물었다. 그들은 억울한 사정을 들려주었다. 의사는 기가 막혀 하며 법무부 장관에게 편지를 썼다. 국가가 그 '피 묻은 돈'을 내지 않으면 국제 인권 단체인 국경없는의사회에 보고하겠다는 내용이었다.

다행히 의사의 협박은 먹혔으나 문제는 또 발생했다. 가해자 중 한 명이 처형 며칠 전 탈옥한 것이다. 그로 인해 재판은 처음부터 다시 시작되었다. 불완전한 이란 법률이 일사부재리의 원칙을 적용하지 않은 탓이다. 더욱이 가해자 중 한 명은 국회의원인 친척을 동원해 판결에 영향을 미치기까지 했다.

사건을 맡은 에바디는 법정에서 피해자가 또 다른 희생을 치러야 하는 법의 불공정함에 대해 성토했다. 그러나 판사는 오히려 이슬람 법을 비난하지 말라며 그녀에게 경고했다.

재판이 진행되는 과정에서 처음에는 피고들에게 무죄가 선고되었다. 딸의 명예를 회복하고자 했던 파시의 어머니는 격분해서 내뱉은 말 때문에 법정 모독죄로 구속되기도 했다. 이후 다시 판결이 뒤집혀 재수사가 시작되었지만 최종 공판이 끝난 후에도 사건은 종결되지 않았다.

그러나 파시 사건은 사회적으로 큰 반향을 일으켰다. 여성과 아동의 인권에 대한 이란 법의 미진함이 드러났고, 언론도 그 사실에 주목했다. 에바디는 거기서 그치지 않고 이란 형법의 부조리함에 대한 기고를 '이란 에 파르다(Iran-e Farda)'라는 잡지에 실었다.

그녀는 '넌 나의 고환보다도 가치가 없어'라는 페르시아의 모욕적 표현을 은유적으로 빌려 썼다. 실제로 이란 형법에는 남자의 고환에 난 상처에 대한 '피 묻은 돈'이 여성의 생명에 대한 그것과 동일하다는 조항이 있다.

에바디는 일반인들도 쉽게 이해할 수 있도록 예를 들어 설명했다. 박사 학위를 가진 여성이 길에서 차에 치여 죽은 것과 폭력배가 싸우다가 고환에 상처를 입은 것이 이란 형법 상에서는 같은 가치를 가진다고 지적했다. 기고의 마지막에서는 "이것이 정녕 이란 이슬람 공화국의 여성에 대한 관점인가?"라고 꼬집었다.

에바디의 글은 지식인들의 공감을 얻었고 잡지는 완전히 매진되었다. 하지만 그 기고로 인해 그녀는 정치인들의 눈 밖에 났다. 보수적인 강경론자들은 공개적으로 에바디를 비난하고 변론을 그만 두라고 협박했다. 하지만 그녀는 여전히 그들과 법적 테두리 안에서 싸우고 있다.

"양성 불평등 법은 개정되어야 한다"

레일라 파시 사건 못지않게 세간의 이목을 끈 사건이 하나 더 있다. 바로 아리안 골샤니 사건이다. 에바디는 이란의 경제 개혁을 이끈 모하마드 하타미(Mohammad Khatami)가 대통령으로 당선된 바로 그해인 1997년 여름, 신문을 통해 한 소녀의 사망 기사를 접하게 되었다.

기사 사진 속에서 아리안 골샤니라는 이름의 아홉 살 소녀는 온몸이 담뱃불로 지져진 채 머리를 다쳐 죽어 있었다. 이혼 후 딸의 양육권을 갖게 된 골샤니의 아버지는 사기와 마약 전과가 있는 난폭한 인물이었다. 그는 딸을 감옥 같은 지하방에 가두어 놓고 잔혹하게 학대했다. 먹을 것도 제대로 주지 않아 골샤니의 몸무게는 고작 16kg에 불과했다.

그녀의 직접적 사인은 뇌진탕이었다. 아버지의 학대로 정신 이상을 일으킨 골샤니가 자위를 하는 것을 본 이복 오빠가 그녀를 발로 차 벽에 머리를 부딪쳐 뇌진탕으로 사망한 것이었다.

골샤니의 어머니는 그 동안 남편의 학대 사실을 고발하며 딸의 양육권을 돌려 달라고 법에 호소했다. 하지만 딸이 비참한 죽음에 이를 때까지도 그 요청은 받아들여지지 않았다.

에바디는 뇌리를 떠나지 않는 소녀의 처참한 모습에 그냥 보고만 있어서는 안 될 것 같았다. 그 때 마침 사진작가인 친구가 그녀에게 전화를 걸어왔다. 친구도 같은 생각이었다.

두 사람은 아동권리협회에서 일하는 다른 친구들과 함께 자신들이 무엇을 할 수 있을지 의논했다. 그들이 생각해 낸 것은 골샤니의 죽음을 애도하는 집회를 열어 불평등한 양육권법을 규탄하는 간접 계기로 삼는 것이었다.

테헤란 중심가의 대형 모스크에서 골샤니의 추모식을 갖기로 하고 신문에 행사에 관한 광고를 게재했다. 남편 타바솔리안의 숙부에게 골샤니의 억울한 죽음에 대해 설명한 후 설교도 부탁했다.

추모식 당일 모스크 안은 에바디와 친구들이 준비한 흰색 꽃들과 골샤니를 애도하기 위해 찾은 추모객들로 가득 찼다. 타바솔리안의 숙부는 청중의 심금을 울리는 연설을 했다.

에바디도 울음바다가 된 추모식장에서 마이크를 잡았다. 그녀는 '제2의 골샤니들'을 보호하기 위해 아이를 죽음으로 몰고 간 법을 개정해야 한다고 호소했다. 그리고 사람들에게 추모식장을 나가며 거리에 꽃을 뿌려달라고 부탁했다.

추모객들은 "법은 개정되어야 한다"는 구호를 외치며 거리에 꽃을 뿌렸다. 30분 만에 테헤란 한복판의 모스크 주변 거리는 하얀 꽃잎으로 뒤덮였다. 이후 언론에서는 그 집회를 크게 보도했다. 파시 사건 때 주로 이란의 지식인 사회가 동요했다면 이번에는 수많은 테헤란 시민과 기자들, 국제 인권 단체까지 골샤니 사건에 주목했다.

이후 법원은 골샤니의 이복 오빠에게는 사형을, 아버지와 그의 세 번째 부인인 계모에게는 1년 형을 선고했다. 하지만 골샤니의 어머니가 동의해 이복 오빠는 집행유예를 받았다.

레일라 파시와 아리안 골샤니, 두 소녀의 비극적인 죽음을 규명하는 데 관여한 이후 에바디는 인권 변호사로 이름을 떨치게 되었다. 그러나 개인적 명성은 중요하지 않았다. 그 명성 덕분에 자신이 앞으로 변호할 사건들이 세간의 이목을 끌 수 있을 것이고, 그로 인해 이란 여성과 어린이의 인권에 대한 작지만 큰 변화를 만들 수 있을지도 모른다는 사실이 에바디에게는 더 소중한 성과였다.

요원하지만 반드시 가야할 길

변호사로 활동하면서 에바디는 인권운동과 민주주의, 특히 여성과 아동의 권리를 위한 투쟁을 이어가고 있다. 그녀 자신이 살해 대상으로 지목 당했던 1998년의 지식인 암살 사건 때도 치밀한 조사와 명확한 변론으로 이란 정보부의 개혁을 이끌어 냈다.

법 개정이나 관련자 전부의 유죄 판결을 얻어내지는 못했지만, 이후 이란에서는 암살자들이 반체제 인사들을 죽이고 몰래 도주하는 '죽음의 장막'이 거두어졌다. 정보부가 불법 살인에 필요한 막대한 돈을 감당하는 대신 암살을 그만두기로 한 것이다.

에바디는 그 이듬해 테헤란대학교에서 있었던 에자트라는

학생의 살인 사건 때는 감옥에 수감되기도 했다. 배후에 정부 관료들이 연루되어 있다는 증거를 배포했기 때문이었다. 이후에도 이란의 인권 문제 해결을 위한 베를린 국제회의에 참가 했단 이유로 경찰에 체포되는 고초를 겪기도 했다.

게다가 시련은 에바디에게만 국한된 것이 아니었다. 2009년 말 여동생 누신 에바디(Noushin Ebadi)는 이란 정부의 대대적인 반체제 야당 인사 검거 도중 체포되었다. 시위에 참가하진 않았지만 에바디 때문에 늘 요주의 인물로 정부의 감시를 받은 것이다.

2010년 6월 남편 타바솔리안은 정부의 강요에 의해 자택에서 에바디를 비판하는 방송 인터뷰를 해야 했다. 그는 그 해 초에도 3일 동안 체포돼 에바디와 그녀의 인권운동을 비판하는 강요된 자백을 한 바 있었다.

그러나 일련의 사건이 터질 때마다 세계 각지에서 전화와 팩스, 이메일 등을 통해 에바디를 지지하는 메시지들이 쏟아졌다. 국제 사회에서도 이란의 인권 향상을 위한 그녀의 공로를 인정해 2001년 노르웨이의 국제적인 인권상인 라프토 상을, 2003년에는 이슬람권 여성 최초로 노벨 평화상을 수여했다.

이제 에바디는 이란뿐 아니라 전 세계가 주목하는 인권운동가가 되었다. 2006년 6월에는 광주에서 열린 노벨 평화상 수상자 정상회의에 참석하기 위해 우리나라를 방문한 적도 있다. 이후 2009년 8월에도 그녀는 아시아기자협회의 초청으로 한국을 재방문해 이슬람 교도로서는 최초로 국내 교회에서 강연을 했다. 그리고 백담사 만해 마을에서 '2009 만해 평화상'을 수상하는 등 종교를 초월한 리더십을 보여주었다.

여전히 이란 정부는 에바디에 대해 호의적이지 않다. 그녀는 유명세를 탈수록 이란으로부터 멀어져야 했다. 고국에 돌아가지 못한 채 전 세계를 떠돌고 있다. 심지어 2009년 11월에는 이란 당국에 의해 노벨상을 압수당하는 일을 겪기도 했다. 노벨상은 다시 돌려받았지만 여전히 에바디를 둘러싼 환경은 순탄해 보이지 않는다.

그러나 그녀는 믿는다. 자신으로부터 시작된 작은 움직임이 나비 효과를 일으켜 결국에는 이란에서, 그리고 인권이 유린당하는 이들이 있는 전 세계 어디에서든 거대한 변화의 바람을 일으킬 것임을. 그 희망을 품고 시린 에바디는 오늘도 냉철한 지성으로 죽음의 공포와 위협을 뚫고 인권을 위한 행보를 이어가고 있다.

> **그녀는 믿는다. 자신으로부터 시작된 작은 움직임이 나비 효과를 일으켜 결국에는 이란에서, 그리고 인권이 유린당하는 이들이 있는 전 세계 어디에서든 거대한 변화의 바람을 일으킬 것임을.**

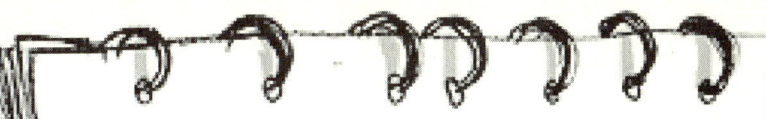

시린 에바디 약력

1947.06.21.	이란 하마단 출생
1969.	테헤란대학교 법학과 졸업, 사법고시 인턴과정 수료
1970.	이란 법무부 법관직 시작
1971.	테헤란대학교 법학 석사
1974~1979.	이란 최초 여성 판사
1975.	자바드 타바솔리안과 결혼
1993.	변호사 사무소 개원
2001.	노르웨이 라프토인권재단 '라프토상' 수상
2003.	'노벨 평화상' 수상
2004.	포브스 '세계에서 가장 영향력 있는 여성 100인' 선정
2005.	미국 공로아카데미 '골든 플레이트상' 수상
2006.	프랑스 '레지옹 훈장' 수여
2007.	자서전 '히잡을 벗고 나는 평화를 선택했다 (Iran awakening: A Memoir Of Rrevolution And Hope)' 출간
2008.	'이란에서 망명자의 권리 (Refugee Rights in Iran)' 출간
2009.	'국제 봉사인권상 글로벌 인권방어 부문' 수상
2009.08.	아시아기자협회 초청 대한민국 방문, '제13회 만해대상 평화상' 수상
2011.	'황금 새장: 세 명의 형제, 세개의 선택, 하나의 운명 (The Golden Cage: Three Brothers, Three Choices, Once Destiny)', 출간

Angela Merkel

독일 총리
앙겔라 메르켈

메르켈을 일컬어 언론에서는 '독일판 철의 여인'

이라고 불렀다. 마거릿 대처 전 영국 총리를 연상시키는

냉철함과 과감한 의사결정력, 뚝심을 가진 우파 여성 정치인이라는 이유에서였다.

'조용한 카리스마'의 새로운 전형
앙겔라 메르켈

최초의 동독 출신 총리, 독일 최초의 여성 총리, '독일판 철의 여인'···. 2005년 슈뢰더 전 총리의 카리스마를 부드러운 리더십으로 제압하고 독일 최초의 여성 총리에 당선된 앙겔라 메르켈은 더 이상 '여성'이라는 수식어가 필요 없을 정도로 전 세계 정·재계에서 막강한 영향력을 행사하고 있다. 유로존을 대표해 유럽 경제를 책임지고 있는 메르켈의 말 한 마디, 행동 하나에 전 세계가 주목한다. 한때 '헬무트 콜의 정치적 양녀'로 불리며 신데렐라로 비춰졌던 그녀의 정치적 성공은 결코 쉽게 얻은 것이 아니었다. 조용한 카리스마와 확고한 정치적 소신을 무기로 메르켈은 '3선 총리'라는 새로운 도전을 진행 중이다.

2005년 총선 당시 독일 기독민주당 본부

'승자 없는 독일 총선', '기민련 과반 실패…정권 향방 불투명', '獨 재계, 경제개혁 물 건너갔다'.

2005년 9월 18일, 유럽 최대의 경제 대국인 독일 총선이 끝나자 언론은 일제히 해설 기사를 내놓았다. 대부분은 '독일의 미래가 여전히 안개 속에 놓이게 됐다'는 내용이었다. 앙겔라 메르켈(Angela Merkel)이 이끄는 기독민주당·기독사회당 연합(기민련)이 게르하르트 슈뢰더(Gerhard Schroder) 당시 독일 총리의 사회민주당(사민당)에 승리를 거두긴 했지만, 그야말로 '신승'으로서 과반의석 확보에는 실패해 향후 정국 운영에 난항이 예상됐기 때문이다.

절반의 승리를 거둔 메르켈의 기민련은 물론 독일 재계에서도 실망을 감추지 못했다. 시장경제와 경쟁을 강조했던 기민련이 집권하면 시장주의 개혁이 본격화될 것으로 기대했는데 지지율이 예상에 못 미치면서 경제 개혁에 강력한 드라이브를 걸기가 힘들게 된 것이다. 반면 근로자의 편에 섰던 당시 집권 사민당은 향후에도 상당한 영향력을 행사할 것으로 보였다.

일각에서는 "대연정은 최악의 카드"라면서 메르켈의 기민련과 슈뢰더의 사민당의 협력을 경계했다. 기민련과 사민당은 정책에서 큰 차이가 있는데 메르켈이 달변에 강력한 카리스마를 앞세운 슈뢰더에게 휘둘릴 가능성이 높다는 우려 때문이었다. 특히 경제계에서는 대연정이 독일 경제에 부정적 영향을 미칠 것이라며 스태그플레이션 가능성 등 극단적 전망까지 내놓았다.

언론에서도 연일 메르켈과 슈뢰더의 '대연정 시나리오'가 쉽게 현실화되지 않을 것이라며 메르켈의 정치력에 대해 반신반의하는 기사를 쏟아냈다. 독일을 통일로 이끈 헬무트 콜(Helmut Kohl) 전 총리의 '정치적 양녀'로서 파격적으로 정계에 입문해 기민당 당수에까지 올랐지만, 총선 결과만 놓고 보더라도 여전히 그녀의 파워가 '2% 부족'하단 것이었다.

더구나 메르켈은 여전히 '남성들의 무대'인 정치판에서 몇 안 되는 여성 리더 중 하나였고, 기민당 내에서도 대다수를 차지하는 천주교계 서독 출신이 아니라 동독 출신 개신교 신자였다. 그러니 총선 승리 이후에도 지지 기반이 아직 완전한 토대를 갖추지 못했다는 우려가 나오는 것이 무리는 아니었다.

그러나 메르켈은 얼마 지나지 않아 그러한 의심과 불안을 말끔히 종식시켰다. 총선 때 미처 승부를 내지 못한 슈뢰더와의 '연장전'에 돌입한 지 불과 열흘 남짓 만에 이미 슈뢰더의 사임설이 불거졌다. 그로부터 다시 열흘 후인 10월 10일, 마침내 메르켈은 3차에 걸친 연정 협상 끝에 독일 정치사상 두 번째 대연정 합의를 끌어냈다. 그리고 '독일 최초의 여성 총리'에 오름으로써 새로운 역사의 한 페이지를 열게 되었다.

'메르켈', 그 이름만으로도 화려한 수식어

대연정이란 의원내각제에서 의회의 주요 다수 정당들이 연합해 구성하는 연합 정부다. 당시 독일의 대연정은 기민련의 메르켈이 총리와 하원의장을 맡고 제2 정당인 사민당이 부총리 겸 외무장관, 재무장관, 법무장관 등 기민련보다 2개 더 많은 8개 각료직을 가져간 형태였다.

고래싸움을 연상케 하는 빅매치에서 결코 쉽지 않아 보였던 대연정을 성공적으로 출범시키고 총리에까지 오른 메르켈을 일컬어 언론에서는 '독일판 철의 여인'이라고 불렀다. 마거릿 대처 전 영국 총리를 연상시키는 냉철함과 과감한 의사결정력, 뚝심을 가진 우파 여성 정치인이라는 이유에서였다.

그러나 이제는 메르켈에 대해 더 이상 그런 호칭을 붙이지 않는다. '독일판', '제2의' 같은 수식어 없이 '앙겔라 메르켈'이라는 이름 여섯 자만으로도 이미 그녀는 전 세계에서 가장 막강한 영향력을 발휘하고 있다.

메르켈은 2012년 포브스가 선정한 '세계에서 가장 영향력 있는 100인의 여성(The World's 100 Most Powerful Women)' 가운데 1위에 이름을 올렸다. 2011년에 이어 2년 연속 1위이지만, 실제로는 2010년 미국의 버락 오바마 대통령의 영부인인 미셸 오바마에게 한 차례 1위 자리를 내준 것을 제외하고는 2006년부터 줄곧 1위를 지켜온 것이어서 세계 최고의 '파워 우먼'으로 손색이 없었다.

포브스는 정책 입안, 환경, 기술, 비영리기구 등에서 활동하는 여성을 대상으로 영향력과 수입 또는 관리하는 자금 규모, 언론 노출빈도 등을 조사해 '세계에서 가장 영향력 있는 100인의 여성'을 선정하는데, 2012년에는 메르켈의 뒤를 이어 힐러리 클린턴 미국 국무장관, 지우마 호세프 브라질 대통령이 각각 2위와 3위를 차지했다. 메르켈을 1위로 선정한 이유에 대해 포브스는 유럽 위기를 해결하는 데 막대한 영향력을 끼치고 있다는 점을 들었다.

포브스뿐이 아니다. 메르켈은 타임이 선정하는 '세계에서 가장 영향력 있는 100인(TIME 100: The Most Influential People In The World)'에도 매년 이름을 올리고 있으며, 포춘이나 비즈니스위크, 월스트리트저널 등 세계 유수 언론에 의해 자주 '파워 피플'로 거론된다. 심지어 요즘에는 우리 언론에서도 하루가 멀다 하고 메르켈의 이름이 오르내릴 정도다.

이제 메르켈은 독일과 유럽을 넘어, 전 세계 정치와 경제를 좌우하는 누구도 무시할 수 없는 최고의 여성 지도자가 되었다. 유럽의 재정위기가 전 세계를 강타하면서 이제 메르켈의 유로존 지지 관련 발언 한 마디에 유로화 환율은 물론 뉴욕 금융시장을 비롯한 전 세계 경제가 등락을 거듭한다.

그러나 메르켈이 지금의 지위에 오르기까지 결코 그 과정이 순탄하지 않았을 것이란 예상은 그녀의 여러가지 핸디캡만 봐도 쉽게 짐작 가능하다. 그녀는 여성이라는 정치적 핸디캡 외에도, 동독 출신의 시골뜨기에 목사의 딸이었으며, 아이도 낳아보지 않은 재혼 여성이었다.

그런 메르켈이 유럽 최대의 경제 대국 독일을 통치하는 총리가 될 수 있었던 것은 특유의 리더십과 함께 기회를 기다리며 노력할 줄 아는 '잠룡(潛龍)'이었기 때문이다. 공자는 '주역 계사'에서 연못 깊숙이 잠복해 있는 '잠룡'이 덕을 쌓으면서 때를 기다리다 보면 땅 위로 올라와 자신을 드러내는 '견룡(見龍)'의 경지에 오르게 되고 비로소 덕을 세상에 펴는 군주가 될 수 있으며, 나아가 하늘을 힘차게 나는 '비룡(飛龍)'이 된다고 했는데, 지금의 메르켈은 바로 '잠룡'과 '견룡'을 지나 '비룡'으로 승천했다고 말할 수 있다.

메르켈을 일컬어 언론에서는 '독일판 철의 여인'이라고 불렀다. 마거릿 대처 전 영국 총리를 연상시키는 냉철함과 과감한 의사결정력, 뚝심을 가진 우파 여성 정치인이라는 이유에서였다.

'목사의 딸'이라서 얻은 건 '긍정의 힘'

냉전으로 전 세계가 두 동강 나있던 1954년 7월 17일, 앙겔라 도로테아 카스너(Angela Dorothea Kasner)는 통일 전 독일의 서독 지역인 함부르크에서 1남 2녀 가운데 장녀로 태어났다. 카스너는 메르켈이 결혼 전까지 사용하던 아버지 호르스트 카스너(Horst Kasner)의 성이다.

동독 출신으로 알려져 있지만 이처럼 메르켈은 원래 서독 태생이다. 그리고 그녀가 태어난 날은 서독의 초대 대통령인 테오도르 호이스(Theodor Heuss)가 재선에 성공한 날이었다. 마치 그녀가 먼 훗날 통일 독일의 수장이 될 운명을 타고난 것처럼.

그러나 메르켈은 생후 몇 주 만에 아기 이불에 쌓인 채 부모와 함께 동독으로 이주해야 했다. 개신교 목사였던 메르켈의 아버지는 종교적 신념을 바탕으로 민주주의 국가인 서독에서 공산 국가 동독으로, 당시로서는 다소 무모해 보이는 이주를 감행했다.

동독에서 목사는 반체제 인사로 취급받았다. 영어와 라틴어 교사였던 메르켈의 어머니 헤를린트(Herlind)는 어린 딸에게 공부를 가르치는 것 외에도 집안에서의 일을 일체 밖에서 이야기하지 말 것과 외부의 규칙에 어긋나는 행동을 하지 말 것을 당부했다.

가족의 안위를 지키기 위해 메르켈은 어린 시절 내내 비밀스런 삶을 살았다. 그녀의 가족은 외부에서 보기에는 동독 체제에 잘 순응한 듯 했지만 내부적으로는 사상 면에서나 생활 방식에서 상당히 이질적인 면이 많았다.

인구 350명 남짓의 외딴 시골 마을 크비트초프에서 시작한 아버지의 사역 생활도 쉽지 않았다. 처음 예상과 달리 경제적으로 궁핍했고 사회주의의 미명 아래 감시도 만만치 않았다.

1957년 메르켈의 아버지가 템플린 관구의 신학교 설립 일을 맡게 되면서 형편이 나아지는 듯 했으나 더 큰 어려움이 찾아왔다. 1961년 8월 13일 분단의 비극을 상징하는 베를린 장벽이 설치된 것이다.

메르켈 가족은 동독에 살면서도 서독의 친지와 서로 오가며 소식을 주고받고 물자도 공급받는 등 비교적 자유롭게 왕래하며 지냈다. 하지만 베를린 장벽이 설치된 후에는 상황이 달라졌다. 아예 연락이 끊긴 것은 아니었으나 서독의 친지를 만나는 것은 사실상 불가능했다.

함부르크의 외가를 방문하고 돌아온 며칠 뒤 TV에서 베를린 장벽이 세워졌단 뉴스가 나왔을 때, 메르켈의 어머니는 "이제 우린 외할머니를 만나러 갈 수 없어"라며 울먹였다. '철의 장벽'이 설치되던 당시의 충격에 대해 메르켈은 요즘도 자신과 가족의 삶을 송두리째 바꿔놓았다고 회고하곤 한다.

결국 메르켈 가족에게 베를린 장벽은 언제라도 동독을 떠날 수 있다는 이론적 가능성이 사라진 것이었다. 더 이상 동독이 냐 서독이냐를 두고 고민할 필요가 없어져버렸다.

이러한 환경에서 성장하면서 메르켈은 아버지가 정치적으로 상당히 위험한 일을 하고 있다는 사실을 분명히 깨닫고 있었다. 부모가 끊임없이 주지시켜준 덕분이기도 했지만, 베를린 장벽이 생기던 해에 목사의 딸로서 초등학교에 입학하며 실제로 다른 아이들과는 차별을 받았다.

하지만 그러한 상황이 메르켈에게 장애가 되지는 않았다. 그녀는 누구보다 긍정적인 아이였다. 2005년 그녀에 관한 책을 쓴 독일 본 대학의 정치학 교수 게르트 랑구트(Gerd Langguth)가 "반 교회적인 사회에서 목사의 딸로 산다는 것이 힘들지 않았냐"라고 질문하자 이렇게 대답했다.

"목사의 딸이라는 사실 때문에 친구가 없었지만 그것 때문에 힘들거나 괴로워했던 적은 없어요. 결론적으로 말하자면 그 시기는 힘들다기보단 훨씬 긍정적인 시기였어요."

그녀는 언제나 '긍정의 힘'을 믿는 아이였다. 서독에서 태어나 동독에 살아야만 했던 것에 대해서도 불만을 품지 않았다. "서독의 아이들에게는 나에게 없는 물건이 있었지만, 나에게도 그들에게 없는 숲과 호수가 있었다. 동독에서 살았기 때문에 나는 내가 잃은 게 무엇인지 계속 고민할 수 있었다. 그리고 어려움 속에서도 현재에 만족하고 기뻐할 줄 아는 성격을 갖게 되었다"

한편 다행히 베를린 장벽이 세워진 후에도 소포 같은 우편물은 왕래가 가능해, 서독의 친지들은 메르켈 가족에게 청바지와 인스턴트 수프, 비누 같은 자본주의 문물들을 보내주었다. 그 물건들 탓에 메르켈은 동독의 학교 친구들과는 외형적으로도 사뭇 달라 보였다. 친구들은 미니스커트를 입었지만 그녀는 청바지를 입었다.

취미도 남달랐다. 메르켈은 비틀즈, 그 중에서도 폴 매카트니를 좋아했지만 또래 아이들은 로큰롤에 심취했다. 또 그녀는 그림엽서를 수집하고 동베를린에서 연극이나 전시를 관람하는 것을 즐겼다. 그 과정에서 다양한 국적의 친구들과 사귀고 서독의 정치나 자본주의 문화에 대해서도 전해들었다.

그러나 학교에서 메르켈의 튀는 외형이나 내면의 사상이 드러나는 일은 좀체 없었다. 그녀는 아웃사이더를 자처하는 대신 친구들을 잘 도와주는 모범생으로서 지혜롭게 처신했다. 어머니의 당부대로 학교 규칙을 잘 지켰고 국가 청년단체의 하나인 젊은개척자단과 자유독일청년단에도 입단해 활동했다.

또 누구보다 열심히 공부했다. 대학에 입학하기 위해서였다. 당시 메르켈과 같은 목회자의 자녀들 가운데에는 '부르주아의 대표 계급'으로 낙인 찍혀 대학 입학을 거부당하는 사례도 있었다. 때문에 그녀는 특출 나게 뛰어난 우등생이 되어야 했다.

동독에 살면서 메르켈이 익힐 수 있었던 또 하나의 감각은 바로 이러한 것이었다. 그녀는 속마음을 말해도 좋을 때와 하지 말아야 할 때를 구분할 줄 알았다. 목사의 딸로서 외부의 압력에 순응하는 듯 했지만 내부적으로는 그 한계 속에서 자아실현을 꿈꾸며 미래를 준비하는 당찬 학생이었다. 그리고 그러한 감각은 훗날 정치인으로서의 그녀 인생에서 크나큰 도움이 되고 있다.

> 목사의 딸로서 외부의 압력에 순응하는 듯 했지만 내부적으로는 그 한계 속에서 자아실현을 꿈꾸며 미래를 준비하는 당찬 학생이었다. 그리고 그러한 감각은 훗날 정치인으로서의 그녀 인생에서 크나큰 도움이 되고 있다.

자립을 위한 어긋난 선택, 물리학자

1973년 19살이 된 메르켈은 라이프치히의 칼 마르크스 대학에 입학했다. 라이프치히는 동베를린보다는 작았지만 매년 다양한 박람회가 열리는 대도시 가운데 하나다. 그녀가 라이프치히를 선택한 것은 사실 엄격한 부모의 슬하에서 벗어나고 싶어서였다. 그녀는 한 인터뷰에서 "동베를린은 가족이 살던 템플린과 너무 가까웠어요"라고 대답하기도 했다.

그녀의 전공은 칼 마르크스 대학에서 가장 상위권에 있는 물리학이었다. 그녀가 물리학을 전공하겠다고 했을 때 아버지는 적잖이 놀랐다. 자신의 뒤를 이어 목회자의 길을 걷길 바라는 마음에서 신학을 선택하거나 아니면 평소 관심이 많고 가장 잘했던 언어학을 선택할 거라고 예상했기 때문이다.

메르켈이 물리학을 선택하게 된 동기는 크게 두 가지였다. 우선 물리학은 정치적인 것에 얽매이지 않는 순수 학문으로서 대학 입학 추천서를 받을 수 있었다. 그리고 이데올로기적인 규정이 까다로운 인문학과 달리 연구가 자유로울 거라 생각했다. 그녀는 스무 살 남짓 자신을 짓누르던 신분과 사회적 억압으로부터의 자유와 독립을 꿈꾸었다.

하지만 메르켈의 대학생활은 많은 변화를 가져다주진 않았다. 어김없이 자유독일청년단에 가입해 활동해야 했으며 여전히 성적에 대한 부담을 안고 학업에 치중해야 했다. 한 가지 큰 변화라면 첫 남편인 울리히 메르켈(Ulrich Merkel)을 만난 것이다. 한 살 연상의 같은 물리학과 학생이었던 그와는 결국 대학을 졸업하기 전인 1977년 결혼에까지 이르렀다. 결혼식은 고향인 템플린에서 기독교 식으로 치렀다.

메르켈 부부는 대학 졸업 후인 1978년 베를린 장벽 근처로 이사했다. 남편은 베를린 훔볼트 대학의 강사로, 메르켈은 동독의 주요 연구소인 베를린 과학 아카데미 중앙 물리화학 연구소에서 연구원으로 일하게 되었다.

둘의 결혼 생활은 경제적으로나 사회적으로 남부러울 것이 없었지만 겉보기와는 다르게 실금이 가고 있었다. 남편은 현실에 안주하는 생활을 원했지만 메르켈은 보다 활동적인 것을 원했다. 그녀는 지속적으로 연수에 참가했고 직장에서 보내주는 부부동반 여행에도 가기를 원했지만 남편은 함께 해주지 않았다. 결국 1981년 메르켈은 짐을 챙겨 집을 나갔다. 그리고 이듬해인 1982년 둘은 법적으로도 완벽한 남이 되었다.

사실 메르켈이 대학 졸업도 하기 전 서둘러 첫 결혼을 한 것은 당시의 사회적 배경이 크게 작용했다. 사회주의 국가였던 동독에서는 결혼을 해야만 직장이나 집을 쉽게 구할 수 있었기 때문이다. 1991년 한 인터뷰에서 메르켈은 "남들이 다 하는 결혼이니까 한 것뿐이었어요"라며 '필요에 의한 결혼'이었다고 말하기도 했다.

하지만 그녀는 이혼 후에도 남편의 성을 버리지 않았고 친구 정도로 남으려 노력했다. 그리고 훗날 요하임 자우어(Joachim Sauer)와 결혼한 후에도 여전히 메르켈이라는 성을 사용하고 있다.

한편 연구원으로 있는 동안 메르켈은 자유독일청년단의 사무국에서 활동했다. 그러나 그녀는 자유독일청년단에서 경력을 쌓거나 지도부에 속하고 싶지는 않았다. 단순히 젊은 사람들과 어울려 견문을 넓히고 싶은 마음에서 그 자리를 받아들인 것뿐이었다. 물론 국가보안 부서인 일명 슈타지(Stasi)와도 거리를 두었다.

하지만 자유에 대한 갈망은 여전히 메르켈의 마음속에 남아있었다. 1980년대가 되면서 동독과 서독은 더욱 첨예한 대립각을 세웠고 그럴수록 동독 주민에 대한 억압은 심해졌다. 메르켈의 주변 사람들 가운데에는 무슨 수를 써서라도 동독을 떠나고 싶어 하는 이들도 적지 않았다.

그런 와중에 메르켈은 사촌의 결혼식이라는 명목 아래 서독을 합법적으로 방문할 수 있는 기회가 생겼다. 가족 모두가 함께 방문하고 싶어 했지만 동독 정부는 그들이 망명 신청이라도 할까봐 우려해 직업이 확실한 메르켈만 허락해 줬다.

그녀는 서독의 호텔에 묵으면서 백화점에서 쇼핑을 했다. 그리고 자본주의의 한복판에서 '서독 체제가 분명히 옳다'고 느꼈다. 그러나 시설이 훌륭한 서독 열차에서 내려 다시 덜컹거리는 동독의 열차를 타고 집으로 돌아온 메르켈은 다시 좁고 빛도 잘 들어오지 않는 연구소에 틀어박혀 일 해야 했다.

그 때 그녀는 원자핵의 붕괴 반응에 관한 박사학위 논문을 준비하고 있었다. 1986년 1월 마침내 그 논문이 통과했을 때 감수자가 나중에 그녀의 두 번째 남편이 된 요하임 자우어다.

이렇게 메르켈은 박사학위까지 받은 훌륭한 물리학자였지만 삶에는 여전히 희망이 보이지 않았다. 2005년 랑구트와의 인터뷰에서도 밝혔듯 '자립을 위한 또 하나의 단계'로서 과학아카데미를 선택했지만 정작 그녀는 매일같이 출근하고 연구하는 생활을 쳇바퀴 돌듯 반복할 뿐이었다.

메르켈의 동료였던 미하엘 쉰드헬름(Michael Schindhelm) 베를린 오페라하우스 총감독은 자신의 이야기를 다룬 소설 '로버트의 여행(Roberts Reise)'에서 당시의 메르켈을 캐릭터화한 '레나테'에 대해 이렇게 묘사한다.

"레나테는 비전이 없는 젊은 여성 과학자의 전형이었다. 그녀는 몇 년 전부터 박사과정을 밟고 있었는데 자전거 투어를 할 때만 열정을 보이곤 했다."

정치인으로서 '민주변혁'을 꿈꾸다

그렇게 정부 기관의 물리학자로서 평탄하지만 지루한 삶을 살던 메르켈에게 일대 변혁이 찾아온 것은 독일의 통일을 얼마 앞둔 1989년 연말이었다. 베를린 장벽 붕괴 후 약 6주가 지난 시점이었다.

베를린 장벽이 무너지면서 통일의 분위기는 급속도로 무르익어 갔다. 동독인들도 삶을 바꿀 수 있는 정치에 대해 관심을 갖기 시작했다. 메르켈과 그녀의 상관이었던 클라우스 울브리히트(Klaus Ulbricht)도 마찬가지였다.

둘은 함께 교회에서 개최하는 사회민주주의당(오늘날의 사회민주당) 행사에 참석했다. 그리고 얼마 후 울브리히트는 사민당에 가입했다. 그러나 메르켈은 그와는 다른 길을 선택했다. 그녀가 가입한 곳은 신생 정당인 '민주변혁(Demok-

2009년 총리에 재선된 정치인 앙겔라 메르켈

ratischer Aufbruch, DA)'이었다. 민주변혁은 1989년 10월 본격적으로 출범했는데, 1989년 7월 동베를린에서 창립한 목회자 중심의 시민 단체가 모태가 된 정당이었다.

민주변혁이 창당될 즈음 동독은 민주화의 급물살을 타고 있었다. 1989년 9월 4일 처음 시작된 이른바 '월요 시위'에서는 수만 명의 동독 국민들이 라이프치히와 동베를린 등에 모여 평화 시위를 벌였다. 그들은 "슈타지 물러가라", "우리는 하나의 국민이다" 등의 구호를 외쳤고, 그해 12월 중순에는 라이프치히의 크리스마스 장터에서 독일 통일을 위한 서명운동을 펼치기도 했다.

그 얼마 후 메르켈은 혼자 민주변혁의 지역 모임에 찾아와 참여할 수 있는지 물어봤다. 그때만 해도 민주변혁은 아직 기본적인 정치 노선조차 확정되지 않은 상태였고 그녀가 무슨 일을 할 수 있을지도 분명치 않았지만, 어쩐지 그곳이야말로 자신이 있어야 할 곳이라는 확신이 들었다. 그렇게 메르켈은 드디어 정치에 입문하게 된다.

민주변혁을 선택한 이유에 대해 메르켈은 나중에 이렇게 말한 적 있다. "기존의 다른 정당들에서는 납득할 수 없는 부분들이 꽤 있었어요. 하지만 민주변혁에서는 내가 할 일이 있을 것 같았습니다."

민주변혁은 독일의 통일과 사회주의적 시장 경제를 지지했다. 메르켈은 민주변혁에서 자신이 추구하는 이상에 대한 공통점을 발견했으며, 마음이 맞는 사람들도 만날 수 있었다. 민주적인 일 처리 방식도 꽤 맘에 들었다.

그녀가 처음 맡은 업무는 홍보용 전단지를 만드는 것이었다. 여론 몰이에서 중요한 역할을 할 것으로 보이던 동베를린의 택시 기사들을 타깃으로 한 것이었는데 첫 임무는 꽤 성공적이었다. 이후에도 그녀는 어려운 문제가 생길 때마다 다소 촌스러울 정도로 솔선수범하며 해결책을 제시한 덕분에 금세 사람들로부터 주목을 받았다. 결국 메르켈은 민주변혁 사무국의 정식 직원이 되었고, 1990년 2월 민주변혁이 총선 준비를 시작하자 과학 아카데미를 그만두고 본격적으로 선거 운동에 참여했다.

그녀는 민주변혁의 대변인을 맡게 되었는데 꽤나 파격적인 인사였다. 당수였던 볼프강 슈누어(Wolfgang Schnur)는 전당대회 이후에도 당을 운영할 인물을 찾지 못해 일정을 놓치는 등 애로를 겪고 있었다. 어느 날 아침에도 중요한 후원자들이 당사를 찾아왔지만 슈누어는 약속을 잊고 있었다.

그는 메르켈에게 그들을 대신 접대해 달라고 부탁했다. 하지만 그녀는 자신이 그들을 맞을 만한 공식적인 지위가 없다며 거절했다. 그러자 슈누어는 그 자리에서 메르켈에게 대변인 자리를 제의했다. 메르켈은 그렇게 당내 요직에 오르게 되었다.

그 해 3월 그녀는 민주변혁의 재정 담당관을 맡게 된다. 에르하르트 노이베르트(Ehrhart Neubert) 부의장은 메르켈을 '모든 사람을 위한 딸'이라고 불렀다. 그만큼 그녀는 민주변혁 내에서 중요한 인물이 되었다. 그녀는 당 대표인 슈누어를 대신해 동독의 기민당, 서독의 기민당, 독일사회연합과 함께 '베를린 공동 성명'에 서명하기도 했다.

그러나 민주변혁 지도층은 총선에서 자신들이 20%의 득표율을 얻을 것이라고 과대평가하고는 기민당과 독일사회연합이 연합한 '독일을 위한 동맹'에 참여하지 않았다. 심지어 슈누어는 자신이 총리에 당선될 것이라는 야무진 기대도 품었다.

하지만 결과는 예상을 완전히 빗나갔다. 메르켈의 열성적인 지원에도 불구하고 민주변혁은 슈누어가 슈타지의 첩자였다는 사실이 알려지면서 1%도 안 되는 지지율에 그치고 말았다. 결국 민주변혁은 단지 4명의 의원만을 국회에 입성시키는 데 만족해야 했다.

> 민주변혁은 독일의 통일과 사회주의적 시장 경제를 지지했다. 메르켈은 민주변혁에서 자신이 추구하는 이상에 대한 공통점을 발견했으며, 마음이 맞는 사람들도 만날 수 있었다. 민주적인 일 처리 방식도 꽤 맘에 들었다.

정계에 공식 입성하다

'전화위복'이라고 했던가. 민주변혁의 총선 참패 후 다시 연구소로 돌아가야 할지도 모른다는 불안감에 휩싸여 있던 메르켈은 동독 정부의 부대변인으로 일약 발탁되며 공식적으로 정치 무대에 등장하게 된다.

과반수에 가까운 의석을 차지하며 압승을 거둔 독일을 위한 동맹은 선거 당일 밤 새로운 동독 정부를 이끌 총리로 기민당 당수인 로타어 데 메지에르(Lothar De Maiziere)를 내정했다. 그리고 구색을 맞추기 위해 기민당이 아닌 다른 당에서 부대변인에 앉힐 만한 인물을 찾았고 메르켈이 물망에 올랐다. 민주변혁의 대변인으로서 훌륭했다는 평가와 함께, 여성이라는 점도 '플러스 알파'로 작용했다.

메르켈은 마티아스 겔러(Mattias Geller) 대변인 아래에서 조용하지만 강하게 두각을 나타냈다. 특히 약속을 잘 지키고 문제의 본질을 끄집어 내는 데 탁월함을 발휘했다.

그런데 총명하고 신뢰받는 업무적 이미지와는 달리 외모에서는 메르켈도 지적을 받았다. 늘 학생 같은 단발머리에 볼품없는 검정 치마와 재킷을 걸치고 굽이 없고 단순한 평평한 구두를 신고 다녔기 때문이다. 심지어 데 메지에르가 소련 방문을 앞두고 메르켈에게 "제대로 된 신발과 코트를 갖춰라"고 지시할 정도였다.

하지만 그녀는 자신만의 스타일을 고수했다. 결국 데 메지에르는 메르켈의 그러한 수수함을 수긍하고 나중에는 칭찬하기도 했다. "메르켈은 나를 돋보이게 하는 법을 알고 있었던 것 같아요. 그에 대한 섬세한 감각을 지니고 있었죠."

메르켈이 정부 부대변인으로서 일한 시간은 길지 않았다. 예상보다 훨씬 빠른 1990년 10월 3일 독일이 통일되었기 때문이다. 과도기적 정부에서 나름의 정치적 입지를 만든 메르켈은 보다 큰 꿈을 설계했다.

그녀는 정부 부대변인으로 일하면서도 국회의원을 겸하고 있지 않은 데 대한 한계를 느끼고 있었다. 독일의 통일로 부대변인 자리를 잃은 후 곧바로 연방 언론정보 기관에서 참사관 격의 자리를 보장받았지만, 그녀의 정치적 야망은 이미 그 이상의 무언가를 원하고 있었다.

결국 메르켈은 11월 국회의원 선거에 출마했다. 연방 교통부 장관을 지낸 귄터 크라우제(Gunter Krause)가 그녀를 적극 지지했다. 그의 후광을 등에 업은 메르켈은 짧지만 강한 선거운동을 펼쳤다. 그리고 48.6%라는 높은 지지율로 연방 의회 국회의원에 당선됐다.

본격적으로 국회에 입성하는 과정에서 메르켈은 독일을 통일로 이끈 헬무트 콜 총리와 만나게 된다. 통일 독일의 첫 총리이자 그녀의 정치 인생에서 가장 큰 버팀목이 되어준 스승이자 아버지 콜과의 만남은 결코 우연이 아니었다.

메르켈은 민주변혁 출신 중 한 명으로서 1990년 10월 함부르크에서 열린 기민당의 '정당 통일 파티'에 참석했다. 그리고 민주변혁과 긴밀한 관계를 맺고 있던 기민당의 한스 가이슬러(Heiner Geissle)에게 콜을 소개시켜 달라고 부탁했다. 콜과의 대화에서 메르켈은 깊은 인상을 남겼다. 그리고 다음달인 11월 콜은 본에 위치한 자신의 총리 관저로 메르켈을 초청함으로써 그녀에 대한 신뢰를 보여주었다.

헬무트 콜의 '정치적 양녀'

아마 메르켈은 콜의 총리 관저를 방문한 그 순간 통일 독일 첫 내각에서 자신이 중요한 역할을 할 수 있으리라 직감했을 것이다. 실제로 그녀는 그 얼마 후 여성청소년부 장관으로 낙점됐

앙겔라 메르켈과 헬무트 콜

다. 장관 임명장을 받은 1991년 1월 18일 메르켈의 나이는 고작 서른일곱 살이었다. 독일 역사상 최연소 장관으로서 이름을 올리게 된 셈이다.

여성청소년부는 정부 부처 가운데 비교적 권한이 약했지만 메르켈에는 오히려 적임지였다. 그녀는 여성청소년부 장관으로 일하게 된 것이 엄청난 기회였다고 말한다. 행정 업무와 정치 메커니즘을 배울 수 있으면서 비교적 위기에서는 안전한 자리였기 때문이다.

하지만 콜 내각의 유일한 동독 출신 장관으로서 메르켈이 능력을 인정받기란 생각만큼 쉽지 않았다. 여전히 '헬무트 콜의 양녀'로 불리며 촌스러운 외모에 대한 지적을 들었다. 그리고 '구색 맞추기용 동독 출신의 젊은 여성 장관'이라는 꼬리표가 따라다녔다.

메르켈은 오히려 이러한 비난에 당당하게 응전했다. 훗날 한 대담에서 그녀는 당시에 대해 이렇게 회고했다. "그러한 비난들이 오히려 저에게 유익한 것이었다고 생각합니다. 동독 출신의 젊은 여성이라는 사실이 결코 나에게 손해될 것이 없었으니까요."

콜은 이처럼 당찬 메르켈에게 전폭적인 지지를 보였다. 그녀는 콜이 자신에 대해 특별한 방식으로 신경을 써주었고 그에게서 너무나 많은 것을 배웠다며 감사했다. 뿐만 아니라 그녀는 늘 콜을 관찰하며 그의 장점을 자기 것으로 만들기 위해 노력했다. 2005년 랑구트와의 인터뷰에서 밝힌 내용이다.

"헬무트 콜은 종종 국내 정세의 초점에서 벗어나 있는 주제들에 대해서도 항상 많은 생각을 했고 저는 그 점에 감탄했어요. 또 콜은 누군가 자신이 이룬 성과에 고무돼 의기양양하고 있으면 그가 다시 현실감을 되찾을 수 있도록 놀라운 능력을 발휘했어요."

콜의 총애를 받는 동안에도 메르켈은 여전히 자신이 만들 또 다른 미래를 꿈꾸었던 것으로 보인다. 이러한 권력을 향한 절대적인 의지는 '동독 출신의 여성'인 그녀가 그토록 빨리 성공가도를 달릴 수 있었던 원동력이 되었다.

또 하나 그녀의 정치적 야망을 엿볼 수 있는 대목이 있다. 사실 '촌스러운 메르켈(Dowdy Merkel)'은 다분히 의도적인 것이었다. 통일 전 동독 정부의 부대변인으로 일할 때도, 콜 내각에서 여성청소년부 장관으로 재임할 때도 굳이 수수한 스타일을 고수한 것은 남성 지배적인 정치 바닥에서 여성이란 점을 부각시키지 않는 것이 오히려 나을 거라 생각했기 때문이다.

그런데 메르켈 자신은 '여성' 정치인으로 인식되고 싶어 하지 않았지만 때로는 여성으로서 이득을 보기도 했다. 콜 역시 메르켈과의 첫 만남에서 그녀의 여학생 같은 이미지에 호감을 느꼈던 것으로 알려져 있다.

> "그러한 비난들이 오히려 저에게 유익한 것이었다고 생각합니다. 동독 출신의 젊은 여성이라는 사실이 결코 나에게 손해될 것이 없었으니까요."

'동독의 비애' 딛고 능력 있는 장관으로

메르켈은 장관으로서 쉬지 않고 일했다. 양성평등법 통과를 비롯해, 3세 이상 어린이의 유치원 교육 보장, 청소년 보호법 개정, 여성 실업률 감소 정책 등 크고 작은 이슈들을 비교적 잘 해결해 냈다.

한편으로는 동독 주민일 때 알지 못했던 서구 자본주의의 라이프스타일도 익혀야 했다. 신용카드 사용법부터 '스누피'가 무엇인지까지 모든 생소한 것들을 배워야 했다. 그 탓에 직원들과는 사적인 대화조차 나눌 시간이 없었다. 그래서 사람들은 그녀에게 '동독의 비애'를 느낀다고 입방아를 찧어댔다.

하지만 그녀는 아무리 열심히 일해도 정치적 기반이 없으면 소용없다는 것을 잘 알고 있었다. 우선 당내에서 자기 편을 만드는 것이 시급했다. 때마침 1991년 데 메지에르가 슈타지와의 관련성 때문에 브란덴부르크 주 대표를 비롯한 모든 관직에서 물러났다. 민주변혁은 기민당으로 흡수 통합되었다. 메르켈은 기회를 놓치지 않고 그해 11월로 예정된 기민당 브란덴부르크 주 대표 선거에 출마했다.

콜 총리를 비롯한 수뇌부의 지지를 받은 그녀였지만 결과는 참패였다. 서독 출신으로 친기업 성향이 강하던 볼프 핑크(Wolf Pink)에게 67대 121표로 처참히 지고 만 것이다. 메르켈의 패배에 주변에서는 당혹감을 감추지 못했지만 정작 그녀는 많은 것을 배웠다. 그리고 와신상담의 기회로 삼았다.

그로부터 한 달 후인 12월, 메르켈은 드레스덴에서 열린 기민당 전당대회에서 데 메지에르가 맡고 있던 부당수 선거에 도전했다. 그리고 86%의 높은 지지율로 당당히 부당수에 당선됐다. 이미 당내에서는 데 메지에르 후임으로 콜 총리 밑에서 잠재력을 키운 메르켈을 점찍어 두고 있었던 것이다.

이후 그녀는 1992년 10월 뒤셀도르프에서 열린 전당대회에서 76%의 지지율로 기민당 부당수에 재선되었고, 1993년 6월에는 85%의 높은 지지를 받아 메클렌부르크포어포메른 주의 대표에 선출됐다. 오랜 숙원을 이뤄내고 마침내 자신의 세를 과시하게 된 것이다.

그 다음해인 1994년 선거가 끝난 직후, 메르켈은 모두의 예상을 깨고 콜 내각의 새로운 환경부 장관에 취임했다. 여성청소년부와 달리 환경부 장관은 상당히 민감한 쟁점이 많아 오랜 정치적 연륜을 가진 이들에게도 쉽지 않은 자리다. 하지만 물리학자였던 메르켈은 환경부 장관 자리를 자신의 정치적 역량을 펼칠 절호의 기회로 여겼다.

2005년 랑구트와의 인터뷰에서 메르켈은 그 때 까지의 정치 인생에서 가장 큰 성공과 가장 큰 실패로 모두 환경부 재임 시절의 이슈를 꼽았다.

"가장 큰 성공은 역시 교토의정서와 관련된 환경협상이었어요. 그에 앞서 선진국의 온실가스 감축 의무를 강화하는 베를린 협약을 위한 협상도 성공적이었다고 꼽을 수 있겠네요. 가장 실망스러웠던 사건이라면 환경부 장관으로서 임기 말기에 발생한 핵 폐기물 수송 안전성 문제였던 것 같습니다."

그녀의 자체 평가가 말해주듯 1994년부터 1998년까지 4년 동안 환경부 장관으로 재임한 시절은 그녀의 정치적 행보에서 아주 중요한 전환점이 되었다. 자신에 대한 환경보호 단체들과 정치인들의 불신을 1995년 베를린에서 열린 유엔기후정상회의에서 단 2주 만에 '베를린 협약'을 채택해 냄으로써 단번에 날려버렸다. 그리고 그 때부터 직원들도 그녀를 신뢰하기 시작했다.

'배신' 오명에도 허물지 않은 신념의 승리

1998년 독일 총선은 콜 시대의 종식을 가져왔다. 독일 정계를 발칵 뒤집어놓은 '불법자금 스캔들' 탓에 여당인 기민당은 커다란 정치적 타격을 입었다. 콜 정부에서 재정 담당위원을 지낸 이가 구속되면서 정당의 기부금 실태를 폭로한 것이 발단이었다. 궁지에 몰린 콜은 한 방송과의 인터뷰에서 기부금 운영과 관련해 '실수'를 저질렀다며 1993년부터 1998년까지 정당 기부금법을 거스르며 받은 액수가 150만~200만 마르크라고 실토했다.

소위 '남자들의 실수'로 불린 불법자금 스캔들에 대해 메르켈은 명명백백히 진상을 밝히겠다는 강경한 태도로 일관해 독일 국민들에게 강한 인상을 심어주었다. 언론에 노출될 기회가 있을 때마다 기부금 수수 과정에 대한 진상을 밝히라고 콜을 공격했다. 이에 대해 일각에서는 '콜에 대한 정치적 배신'이라며 메르켈에 대해서도 곱지 않은 시선을 보냈다.

그러나 그녀는 거기에 굴하지 않았다. 1999년 12월 22일자 '프랑크푸르트 알게마이네 자이퉁' 기고를 통해 "콜의 시대는 영원히 갔다. 당은 이제 콜 없이 혼자 걷는 법을 배워야 한다"라고 밝힌 것이다. 이어 그녀는 "기부금 제공자를 밝힐 수 없다는 콜의 말은 신의를 법보다 중요하게 생각하는 것이 합법적인 사안에서는 용인될 수 있지만 법에 위배되는 사건에서는 이해받을 수 없는 행동이다"라며 비난의 목소리를 높였다.

당연히 기민당은 발칵 뒤집혔다. 1998년 총선 직후 메르켈을 기민당 사무총장 자리에 앉혀준 당수 볼프강 쇼이블레(Wolfgang Schaeuble)조차 나중에 신문지면을 통해 그 사실을 알고 펄펄 뛰었다. 이제 메르켈의 행동은 콜뿐 아니라 기민당 전체에 대한 배신 행위였다.

그러나 나중에 쇼이블레 역시 10만 마르크의 기부금을 불법적으로 받았다는 사실이 알려지자 전세는 메르켈 쪽으로 기울었다. 그녀는 표류하는 기민당을 재정비해 새로운 드라이브를 걸 수 있는 유일한 인물로 지목됐다. '정치적 배신'이라는 오명을 쓰긴 했지만 한편에선 인연에 얽매이지 않는 객관적 처신을 높이 샀다.

마침내 2000년 4월 기민당 전당대회에서 메르켈은 935표 가운데 897표를 얻는 압도적인 지지를 바탕으로 새 당수에 선출됐다. 기민당에 입당한 지 불과 10년 만에 당내 최고 권력자가 된 것이다.

이어 이듬해인 2005년 11월 슈뢰더와의 대연정에 성공하며 독일 최초의 여성 총리에도 올랐다. 독일에서 대통령은 명목상 국가 원수일 뿐 총리가 실질적인 최고 정치 지도자다. 그런 자리를 메르켈은 벌써 8년째 지키고 있다. 2009년 총선에서 기민련을 승리로 이끈 후 자민당과의 연정에 또 한 번 성공함으로써 총리에 연임됐다.

메르켈은 2011년 7월 총리 재연임에 도전하겠다는 뜻을 밝히며 '3선 가도'를 향해 질주하고 있다. 2012년 여론조사에서는 2009년 연임 이후 최고의 지지율을 구가하며 여전한 인기를 과시했다.

유럽 경제위기를 타개하기 위한 이웃나라 프랑스와의 공조도 주목을 받으며 '메르코지(메르켈+사르코지)'에 이어 2012년 5월 프랑수아 올랑드 대통령 취임 후에는 '메르콜랑드(메르켈+올랑드)'라는 신조어도 생겨났다. 이제 전 세계는 메르켈이 '절친'이자 라이벌인 IMF 총재 크리스틴 라가르드를 만나든, 중국을 방문해 원자바오 총리와 이야기를 나누든 그녀의 말 한마디, 일거수일투족에 주목한다.

대중을 사로잡는 화려한 말솜씨나 용모는 없어도 '조용하지만 솔직한 카리스마'를 보여주고 있는 메르켈. 그녀는 지금 남녀 성별을 무시하고 '리더십의 새로운 전형'으로 떠올랐다. 그리고 그녀 덕분에 조국 독일은 영국과 프랑스를 제치고 다시 '유럽의 맹주' 자리에 올라섰다. 앞으로 메르켈이 객관적이고 단호한 정치적 소신과 원칙을 어떻게 이어나갈지 이목이 집중된다.

> 독일에서 대통령은 명목상 국가 원수일 뿐 총리가 실질적인 최고 정치 지도자다. 그런 자리를 메르켈은 벌써 8년째 지키고 있다. 2009년 총선에서 기민련을 승리로 이끈 후 자민당과의 연정에 또 한 번 성공함으로써 총리에 연임됐다.

앙겔라 메르켈 약력

1954.07.17.	독일 함부르크 출생
1977.	울리히 메르켈과 결혼
1978.	라이프치히 칼 마르크스 대학교 물리학과 졸업
1978~1990.	베를린 과학 아카데미 중앙 물리화학 연구소 연구원
1986.	라이프치히 칼 마르크스 대학원 물리학 박사
1989.	동독 민주변혁 입당
1990.	독일 연방 하원의원
1991.01~1994.11.	독일 여성청소년부 장관
1994.11~1998.10.	독일 환경부 장관
1998.	독일 기독민주당 사무총장
2000.	독일 기독민주당 당수
2000.	독일 기독민주당 원내총무
2005.11~현재.	독일 총리
2006~2012.	포브스 '세계에서 가장 영향력 있는 여성 100인' 선정 (2010년 제외 모두 1위)
2011	타임 '세계에서 가장 영향력 있는 100인' 선정
2011.	베를린 유대인 박물관 '이해와 관용상' 수상
2011.	'미국 대통령 자유메달' 수여

Jane Goodall

동물보호운동가
제인 구달

"우리 자신과 우리의 지성, 우리의 불굴의 정신을 믿고 함께 나아갑시다.

살아있는 모든 것을 존중하는 마음을 기릅시다. 폭력과 편협함을 이해와

연민, 그리고 사랑으로 바꾸도록 노력합시다."

인간의 정의를 바꾼 '침팬지의 어머니'
제인 구달

제인 구달은 영국의 영장류학자이자 환경운동가로서 UN 평화대사로도 활동하고 있다. 침팬지가 도구를 제작해 사용하고 육식을 한다는 사실을 발견해 세상을 놀라게 한 구달은 침팬지에 관한 세계 최고의 권위자로서 40년 넘게 아프리카 탄자니아 곰비 일대에서 야생 침팬지 연구를 이어오고 있다. 1980년대 후반부터는 과학자로서보다 사회 및 환경운동가로서 더 왕성한 활동을 벌이고 있는데, 그녀가 설립한 제인구달연구소에서는 매년 다양한 프로그램을 마련해 야생동물의 권익 보호와 인식 개선 교육에 힘쓰고 있다.

"1세기에 한번쯤 인간이 그 스스로를 바라보는 관점을 송두리째 변화시키는 연구 결과가 나온다. 이 책을 읽는 이는 바로 그런 경험을 할 소중한 기회를 얻을 것이다."

1971년 발표된 제인 구달(Jane Goodall)의 세 번째 저서 '인간의 그늘에서(In The Shadow Of Man)'는 이런 거창한 문장으로 서문을 시작한다. 이 글을 쓴 이는 당시 스탠퍼드 의과대학 교수였으며 훗날 뉴욕 카네기재단 이사장을 역임한 데이비드 햄버그(David A. Hamburg)다.

당대 최고의 의학자이자 과학자인 햄버그로부터 극찬을 받은 구달의 침팬지 연구에 대해서는 동물에 조금만 관심이 있는 사람이라면 한 번쯤 들어봤을 것이다. 혹여 자세한 연구 내용은 모른다 하더라도 '침팬지의 어머니' 제인 구달의 이름을 모르는 이는 별로 많지 않으리라.

인간의 정의를 바꾼 위대한 발견자

구달은 1960년대 초반 아프리카 탄자니아의 곰비지역에서 우리 인간과 가장 가까운 친척인 침팬지를 연구해 그 결과를 발표함으로써 여러 번 세상을 깜짝 놀라게 했다. 구달의 가장 큰 업적은 침팬지가 인간처럼 도구를 만들 수 있다는 사실을 발견한 것이다. 침팬지가 도구를 '사용'할 뿐 아니라 필요에 따라 주변 사물을 도구로 '제작'함을 야생 침팬지 관찰 결과 확인했다.

처음 구달의 연구 결과가 발표됐을 때 학계는 발칵 뒤집어졌다. 그때까지만 해도 도구 제작 능력은 인간의 고유한 특징으로 여겨졌기 때문이다. 다시 말해 도구는 인간, 즉 호모 사피엔스(Homo Sapiens)와 다른 동물을 구분하는 가장 중요한 기준이었다.

구달의 스승 루이스 리키(Louis Leakey)조차 놀라움을 금치 못했다. 그는 구달로부터 연구 결과를 전해 듣고 이렇게 말했다. "이제 우리는 다음 세 가지 가운데 하나를 선택해야 한다. 인간을 다시 정의하거나, 도구를 다시 정의하거나, 아니면 침팬지를 인간으로 받아들이거나!"

하지만 구달은 인간과 동물 세계의 질서를 무너뜨리는 악역을 맡은 만큼 그에 상응하는 대가를 치러야 했다. 겨우 20대 초반의 젊은 여성 과학자에 대해 보수적인 엘리트 과학자들은 결코 호의적이지 않았다.

가장 큰 비판은 구달의 침팬지 연구 방법에 관한 것이었다. 구달은 곰비의 야생 침팬지들을 관찰하면서 그들에게 식별 '번호' 대신 생김새와 성격에 따라 각자 '이름'을 붙여줬다. 하지만 이 방법은 연구 대상에게 감정적으로 개입하면 안 된다는 과학의 금기를 깬 것이었다.

일각에서는 구달이 대학에서 정식으로 동물행동학을 공부하지 않았기 때문에 아마추어적인 연구를 하고 있다며 그녀의 과학자적 자질에 대해서 문제 삼았다. 심지어 구달의 연구 결과를 부풀려진 억측이나 환상 정도로 평가절하하는 이도 있었다.

당시의 동물행동학 연구 관점에서 볼 때 이런 반응은 당연한 것이었다. 그 때까지만 해도 과학자들은 만물의 영장인 인간과 동물이 유사한 감정과 정신을 지녔다고는 생각하지 않았다. 그래서 연구 대상인 동물을 가리킬 때도 이름은커녕 성별조차 구분하지 않고 일률적으로 '그것'이라고 불렀다. 당연히 각각의 침팬지에게 고유한 이름을 지어주고 하나의 개체로 판단해 성격을 관찰한 구달의 연구 방법론은 비과학적이라는 비난을 면할 수 없었다.

훗날 구달은 한국을 방문했을 때 최재천 이화여대 교수와 만난 자리에서 침팬지에게 이름을 붙여준 이유에 대해 설명했다. 그녀의 대답은 의외로 간단했다.

"특별한 이유는 없었다. 단지 나는 이제까지 내가 만난 모든 동물에게 이름을 붙여주었다. 아주 어릴 적 정원에서 데리고 놀았던 달팽이도 이름이 있었다. 사실 나는 동물 연구를 하는 데 번호를 붙인다는 것도 몰랐다. 당연히 사람이면 누구나 이름이 있듯이 동물에게도 이름이 있어야 한다고 생각했다. 동물에게도 각자의 성품이 있으니 말이다."

정식 교육을 받지 않은 덕분에 오히려 구달은 열린 사고를 할 수 있었다. 그리고 '객관성'으로 포장된 전통적인 동물행동학적 연구 방법 대신 자신만의 시스템을 만들어 혁신을 이뤄냈다.

구달은 곰비의 야생 침팬지들을 관찰하면서 그들에게 식별 '번호' 대신 생김새와 성격에 따라 각자 '이름'을 붙여줬다. 하지만 이 방법은 연구 대상에게 감정적으로 개입하면 안 된다는 과학의 금기를 깬 것이었다.

호기심 많은 꼬마 동물애호가

동물행동학의 역사를 새로 쓴 구달의 위대한 업적은 곰비 침팬지들과의 '관계 맺기'로부터 시작된 것이다. 그런데 구달과 동물 간의 '금지된 관계'는 이미 그녀가 아주 어린 아기였을 때부터 형성되고 있었다.

구달이 두 돌도 채 되지 않은 무렵의 어느 날이었다. 방에서 나온 보모가 구달의 어머니에게 하소연을 늘어놓았다. 아기가 징그러운 지렁이와 같이 자겠다고 고집을 부린다는 것이다. 어머니가 들어가 보니 구달은 지렁이를 움켜쥔 손을 베개 밑에 집어넣고는 행복한 표정을 짓고 있었다.

어머니는 어린 딸을 타일렀다. "지렁이를 밤새 베개 밑에 자게 하면 너무 더워서 죽고 말거야." 그제서야 구달은 눈물을 흘리며 어머니를 따라 정원에 나가 지렁이를 놓아주었다. 어머니는 그때 구달이 키우던 애완동물을 잃은 것처럼 슬퍼했다고 회고했다.

또 한 번은 다섯 살짜리 꼬마 구달이 반나절 동안이나 사라지는 바람에 온 마을이 발칵 뒤집힌 적도 있었다. 아이를 찾기 위해 수색대까지 조직되는 동안 구달은 닭장 속에서 암탉들과 함께 있었다. 그녀는 할머니를 도와 닭장에서 달걀을 모으는 일을 했는데, 그 때마다 암탉이 어떻게 알을 낳는지 궁금해서 참을 수가 없었다. 어른들에게 물어봐도 제대로 된 설명을 들을 수 없었고, 닭장에서 직접 탄생 과정을 지켜보려 해도 암탉들이 쪼아대는 통에 내쫓기기 일쑤였다.

마침내 구달은 수수께끼를 풀 묘책을 찾았다. 암탉이 눈치 채지 못하도록 빈 닭장에 미리 들어가 있기로 한 것이다. 그날 그녀는 닭장 안에서 암탉이 들어와 알을 낳을 때까지 몇 시간이나 기다린 끝에 결국 탄생의 신비를 혼자 힘으로 밝혀냈다. 그리고는 지푸라기를 잔뜩 묻힌 채로 어머니에게 자신의 관찰 결과를 자랑했다. 동물학자 제인 구달로서의 첫 번째 업적이었던 셈이다. 어린 구달은 사람들과 어울리기보다 혼자 있기를 좋아했다. 가족이나 친구와 함께 보내는 시간도 좋았지만 그보다는 동물과 친구가 되는 상상을 하는 시간이 더 행복했다.

그 중에서도 구달은 코카스파니엘 잡종견인 러스티에게서 많은 것을 배웠다. 러스티는 집 근처 호텔에서 키우는 개였는데 꽤나 영리한 편이었다. 구달은 러스티의 행동을 관찰하며 개과 동물에 대한 정보를 알아갔다. 그녀는 러스티가 "인생에서 처음 만난 멘토였다"고 고백하기도 했다. 러스티를 통해 학교에서는 배울 수 없었던 많은 것들을 배웠고, 그의 복잡 미묘한 행동을 통해 동물들의 심리를 이해하는 방법을 터득할 수 있었다는 것이다.

한편 각별했던 구달의 동물에 대한 애정은 '둘리틀 박사'를 만나면서 아프리카와 그 곳에 살고 있는 야생동물에 대한 열망으로 확장됐다. 둘리틀 박사는 휴 로프팅(Hugh Lofting)의 소설 '둘리틀 선생 아프리카로 간다(The Voyages of Doctor Dolittle)'의 주인공이다. 의사인 그는 전염병에 걸려 죽어가는 원숭이를 돕기 위해 아프리카로 항해를 떠나며 구달에게 각종 대리 모험을 선사했다. 신기하게도 박사는 동물의 말을 이해할 줄 알았다.

아홉 살 때 마을 도서관에서 둘리틀 박사에 대한 책을 빌려 읽은 후 구달은 그에게 완전히 빠져버렸다. 동물과 소통하고 그들을 위해 힘든 여정을 함께 하는 의사 선생님이라니. 동물 애호가에 이미 아마추어 연구가의 길로 접어든 구달이 어떻게 매료되지 않을 수 있단 말인가.

또 한 명, 구달의 아프리카에 대한 동경에 불을 지핀 이가 있었다. 바로 밀림의 왕자 '타잔'이었다. 구달은 타잔을 사랑했다. 심지어 그녀는 자신의 왕자님으로부터 사랑을 받는 타잔의 여자 친구 제인을 질투하기도 했다.

구달은 둘리틀과 타잔, 이 두 명의 이야기 속 인물을 만난 후부터 꿈이 하나 생겼다. 그들처럼 아프리카로 가서 동물들과 함께 생활하고 연구하고 싶다는 꿈이었다.

어린 구달은 사람들과 어울리기보다 혼자 있기를 좋아했다. 가족이나 친구와 함께 보내는 시간도 좋았지만 그보다는 동물과 친구가 되는 상상을 하는 시간이 더 행복했다.

'꿈'의 대륙 아프리카, '운명'이 되다

고등학생이 되어서도 구달의 꿈은 변함이 없었다. 그러나 당시 인식으로는 젊은 백인 여성이 아프리카에서, 그것도 야생동물을 연구한다는 것은 상상조차 할 수 없는 일이었다.

실현 불가능해 보이는 구달의 장래희망을 걱정한 취업 상담 교사는 그녀의 어머니에게 이 사실을 알렸다. 다행히 어머니는 딸의 꿈을 이해했다. 걱정스럽긴 했지만 아프리카와 동물에 대한 그녀의 오랜 애정을 알고 있었고, 그것을 망칠 생각이 없었다.

어머니는 구달에게 우선 비서가 되어 보라고 권유했다. 비서라는 직업은 전 세계를 돌아다닐 수도 있고, 그러다 보면 아프리카로 갈 수 있는 기회도 찾아올 거라고 조언했다.

어머니의 생각을 받아들여 구달은 고등학교 졸업 후 런던 사우스켄싱턴의 퀸스 비서학교에 들어갔다. 비서학교 졸업 후에는 고향인 본머스로 돌아가 장애인 물리치료센터에서 잠시

서무 일을 보다가, 옥스퍼드대 행정실로 자리를 옮겨 비서 일을 시작했다.

하지만 다른 원대한 꿈이 있던 구달은 곧 그 일에 싫증을 느꼈다. 비서 업무는 그녀에게 그저 지루할 뿐이었다. 결국 오래지 않아 구달은 대학 일을 그만두고 지인의 도움을 받아 런던의 광고제작회사인 스탠리 스코필드 프로덕션으로 일자리를 옮겼다.

그리고 어느 날, 꿈의 대륙 아프리카로부터 한 통의 편지가 날아왔다. 편지 봉투에는 기린 그림의 우표가 붙어있고 '나이로비' 소인이 선명하게 찍혀 있었다. 고교 동창 클로에게서 온 것이었다. 그 무렵 클로는 아버지를 따라 케냐로 이주해 농장에서 살고 있었는데, 구달에게 그곳으로 오라고 초청한 것이다. 마침내 구달의 꿈이 현실로 다가오는 순간이었다.

클로의 편지를 받은 구달이 가장 먼저 한 일은 다니던 직장을 그만둔 것이었다. 아프리카로 가는 뱃삯을 마련하려면 보다 급여가 높은 일자리를 찾아야 했기 때문이다.

새로 구한 일은 고급 호텔 웨이트리스였다. 몹시 고된 일이었지만 구달은 2주에 겨우 하루만 쉬면서 열심히 돈을 벌었다. 한편으로는 클로가 살고 있는 나이로비에 지사를 둔 회사 가운데 비서를 구하는 곳이 없는지 알아보았다. 아프리카에 장기 체류하려면 그곳에서도 일을 해야 할 거라는 생각에서였다.

웨이트리스로 근무한 지 4개월 만에 구달은 영국과 아프리카를 오가는 왕복 뱃삯을 모을 수 있었다. 그러나 바로 떠날 수는 없었다. 아프리카에서의 생활을 대비해 돈을 조금 더 모아야 했다. 크리스마스를 앞두고 떠나려는 구달을 가족들이 붙잡기도 했다. 그래서 조금 더 머물며 크리스마스 연휴 기간에도 우체부 아르바이트를 하면서 아프리카를 향한 꿈을 키웠다.

그리고 다음해인 1957년 3월 13일, 구달은 비로소 사우스샘프턴 부두에서 케냐캐슬 호에 탑승했다. 1만 4,484km를 항해하는 대장정을 거쳐 약 3주 후인 4월 2일 새벽 케냐캐슬 호는 케냐의 몸바사 항구에 닻을 내렸다. 그곳에서 하루를 묵은 후 다음날 구달은 열차로 갈아타고 한참을 달려 드디어 클로가 기다리는 나이로비에 도착했다. 마치 아프리카에서 새로운 인생을 시작할 운명을 타고난 것처럼. 그날은 마침 구달의 스물세 번째 생일이었다.

나이로비에서 일주일을 보낸 구달은 영국의 가족에게 아프리카가 마치 고향 같다며 행복에 겨운 편지를 보냈다. 처음 얼마간의 생활은 정말 꿈만 같았다. 여전히 동물을 좋아했던 구달은 여러 동물들도 키웠다. 개와 고양이는 물론, 물고기, 원숭이, 몽구스, 고슴도치, 거미와 뱀까지 그녀와 함께 지냈다.

하지만 대도시인 나이로비는 구달이 꿈꾸던 아프리카의 모습과 사뭇 달랐다. 타잔이 치타와 함께 기다리고 있을 법한 그런 대자연의 아프리카가 아니었다. 게다가 아프리카에서 생활비를 벌기 위해 하는 여러 일들도 영국에서와 마찬가지로 지루

해지기 시작했다.

하지만 구달은 끈기를 갖고 천천히 기회를 기다렸다. 그러던 어느 날 한 디너파티에서 나이로비 코리든 박물관 관장인 루이스 리키(Louis Leakey)에 대해 듣게 되었다. 리키는 케냐에서 태어난 영국 국적의 인류학자 겸 고고학자로, 탄자니아 북부의 올두바이 협곡에서 176만 년 전인 구석기 시대 원인(猿人)의 두개골을 발견해 명성을 얻고 있었다.

뿐만 아니라 리키는 고인류학 연구와 더불어 인간과 동시대를 살아온 아프리카 동물의 기원과 그들의 행동양식을 연구하는 여러 프로젝트에도 관여하고 있었다. 심지어 나이로비에 있는 집에서 갈라고원숭이, 사향고양이, 나무타기바위너구리 등 각종 야생동물을 기르고 있는 것으로도 유명해 더욱 구달의 흥미를 유발했다.

그녀는 박물관에 전화를 걸어 당장 만날 약속을 잡았다. 클로가 리키를 만나 본 적이 몇 번 있다며 구달을 소개시켜 주겠다고 약속했지만, 애가 탄 그녀는 더 이상 기다릴 수 없었다.

구달과 리키의 첫 만남이 성사된 1957년 5월 24일, 두 사람은 2시간 동안 박물관 이곳저곳을 다니며 쉬지 않고 대화를 나눴다. 구달은 인류학이나 동물학에 대해서는 아무 것도 모르는 아마추어였지만, 열정만큼은 리키를 반하게 하기에 충분했다. 리키는 특히 구달이 어릴 때부터 간직해 온 동물에 대한 열정과 혈혈단신으로 아프리카까지 찾아온 추진력을 높이 평가했다.

리키는 구달에게 9월에 비서가 그만 둘 예정이니 자신의 비서로 일해 보면 어떻겠냐고 제안했다. 또 현장 연구를 위해 떠나 있는 동안 '리키의 서커스'라 불리는 자신의 집에서 지내며 동물들을 보살펴 달라고 부탁했다. 그 말을 들은 구달은 기뻐서 숨이 멎을 지경이었다.

구달의 환희는 거기서 끝나지 않았다. 얼마 후 임용 절차를 정리하게 위해 다시 만난 자리에서 리키는 올두바이 협곡 고고학 탐사를 함께 떠나자고 제안했다. 물론 그녀는 곧바로 승낙했다. 과학자로서 구달의 삶의 첫 페이지가 열리게 될 순간이었다.

탐사를 위해 구달은 이것저것 꼼꼼히 점검하고 준비했다. 그런데 그녀가 가장 염려한 것은 부족한 물이나 열악한 환경이 아니었다. 매일 아침 정성스레 손질해 우아한 컬을 만들어 넘겼던 긴 머리였다.

아무리 생각해 봐도 마실 물도 부족한 상황에서 매일 머리를 감는 것은 불가능할 터였다. 대책 마련이 필요했다. 처음에는 머리를 자를까도 잠시 생각했지만, 짧은 머리는 오히려 더 거치적거릴 것 같았다. 결국 구달은 거추장스러운 긴 머리를 한 가닥으로 질끈 묶었고, 그때부터 '포니테일'은 그녀의 트레이드마크가 되었다.

올두바이 협곡에서 몇 주를 보내는 동안 구달은 많은 것을 배웠다. 현장 연구를 통해 배운 것도 많았지만, 그보다는 리키에게서 들은 이야기들이 더 소중한 가르침이었다.

리키는 자주 구달에게 침팬지, 고릴라, 오랑우탄과 같은 유인원의 이야기를 들려주었다. 인류학을 연구하던 리키의 호기심은 유인원에게로 확장되어 있었다. 현존하는 동물 중 인류와 유전적으로 가장 유사한 현대 유인원의 행동양식을 연구할 수 있다면 둘의 조상에 대한 신비도 풀 수 있을 거라 생각했다.

특히 리키는 올두바이 협곡 서쪽 약 1,000km 떨어진 곰비의 침팬지 보호구역에 대해 자주 이야기했다. 그곳에는 다양한 침팬지가 살고 있는데 숲에서 자유롭게 서식하는 야생 침팬지에 대한 과학적 연구가 필요하다는 것이다.

올두바이 탐사를 마치고 돌아온 9월 어느 날, 리키는 다시 한 번 구달에게 곰비 탐사 이야기를 꺼냈다. 구달은 갑자기 버럭 화를 내며 "더 이상 침팬지에 대해서는 이야기하지 말아주세요. 그건 제가 진짜 하고 싶은 일이라구요!"라고 소리쳤다. 대학도 나오지 않고 동물행동학에 대해 아무런 지식도 없던 구달로서는 리키의 침팬지 연구 이야기가 그저 남의 일이었다.

그런데 리키의 반응은 뜻밖이었다. "자네가 그 말을 해주길 지금까지 기다렸네." 리키는 구달이 침팬지 연구를 맡아주길 바라며 일부러 자주 그런 이야기들을 해왔던 것이다.

리키는 올두바이 협곡 고고학 탐사를 함께 떠나자고 제안했다. 물론 그녀는 곧바로 승낙했다. 과학자로서 구달의 삶의 첫 페이지가 열리게 될 순간이었다.

원주민도 포기한 곰비의 밀림 속으로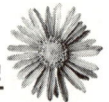

구달의 의사를 확인한 리키는 곧바로 그녀를 곰비로 보낼 계획에 착수했다. 그러나 가장 중요한 연구비 마련이 쉽지 않았다. 침팬지 연구에 아무런 경험도 없고, 대학 문턱에조차 가보지 못한 구달을 믿고 막대한 연구 자금을 지원할 이는 없었다.

1년이 넘도록 연구비 확보 계획에 진척이 없자 구달은 우선 영국으로 돌아가 침팬지에 관한 공부를 시작했다. 런던 동물원 관련 프로그램을 제작하는 그라나다 텔레비전 영상자료실에서 근무하며 시간이 날 때마다 시중에 나와 있는 동물 관련 연구 서적들을 찾아 꼼꼼히 읽어나갔다.

얼마 후 리키로부터 희소식이 날아들었다. 리키의 인류학 연구를 지원하며 돈독한 사이가 된 윌키재단으로부터 연구 기간 4개월에 3,000달러를 제공받기로 한 것이다.

하지만 지원금 마련으로 문제가 해결된 것은 아니었다. 더 큰 벽이 가로막혀 있었다. 곰비 지역을 관할하는 키고마 정부가 젊

아기 침팬지 플린트와의 교감 (내셔널 지오그래픽)

은 유럽 여성이 혼자 침팬지 보호구역으로 들어가는 것을 허락하지 않았다. 그들은 유럽 출신의 다른 동행인을 요구했다.

구달과 리키는 그 문제를 구달의 어머니와 상의했다. 그녀의 어머니는 변함없이 딸의 꿈을 지지하고 있었고, 구달과 함께 곰비로 들어가겠다고 자청했다. 사실 구달에게 어머니는 언제나 든든한 후견인이었다. 열 살짜리 소녀 구달이 '두리틀박사'와 '타잔' 시리즈를 읽고는 커서 아프리카로 가겠다며 당찬 야심을 드러냈을 때도 다른 어른들과 달리 딸을 격려해 준 어머니였다.

곰비에서 힘든 연구를 계속하던 시기에도 어머니는 구달에게 가장 큰 힘이 되었다. 구달이 새벽부터 해질녘까지 숲을 돌아다니며 침팬지를 관찰하는 동안 어머니는 캠프에 남아 마을 사람들을 위한 진료소를 운영했다.

어머니의 진료소는 마을 주민들의 질병이나 부상을 치료했을 뿐 아니라, 새로운 이웃들과 좋은 관계를 만드는 데도 도움을 주었다. 진료소 덕분에 처음 도착했을 때 만연해 있던 의심들은 곧 사라졌다. 그들이 진심이라는 것을 깨닫자 주민들도 우호적으로 대해 주었다. 뿐만 아니라 그들 중 몇몇은 구달의 연구에도 관심을 보이기 시작했다.

한편 구달은 곰비의 숲으로 들어간 직후부터 매일같이 험준한 곰비의 산속을 헤매고 다녔다. 침팬지들의 서식지인 호숫가는 사람이 헤치고 들어갈 수조차 없을 정도로 빽빽한 열대림과 가파른 계곡 속에 있었다. 상식적으로 가냘픈 외모의 젊은 여성이 혼자 탐험할 수 있는 지역이 아니었다.

그러나 구달은 매일 새벽 5시도 되기 전에 일어나 빵 한 조각과 차 한 잔으로 아침을 해결하고는 혼자 산에 올랐다. 침팬지 무리를 찾기 위해 종일 산등성이를 오르내리며 망원경으로 관찰했다. 때로는 산봉우리에서 밤을 지새기도 했다. 아프리카인 동료들이 구달의 안전을 확인하기 위해 저녁에 봉우리로 올라오곤 했지만 대부분의 시간 동안은 혼자였다.

사실 처음에는 키고마의 수렵 감시원들도 구달의 현장 연구에 동행했다. 인간을 경계하는 야생 침팬지와 접촉하기 위해 혼자 다녀야 한다는 생각이 있었기에 탐탁지는 않았지만, 거부할 경우 연구 자체를 못할 수도 있기 때문에 그녀도 어쩔 수가 없었다. 하지만 그들은 연일 계속되는 고된 강행군을 버티지 못하고 금세 나가 떨어져 버렸다.

한 번은 그 지역을 관할하는 마을 추장의 아들이 외부인에 대한 감시 차원에서 구달과의 동행을 요구한 적이 있었다. 그러나 추장의 아들은 구달이 우거진 숲속을 누비고 다닐 거란 사실을 알고는 몸이 좋지 않다며 사라져 버렸다. 그는 구달이 그저 배를 타고 호수나 한 바퀴 돌아볼 줄 알았던 것이다.

이처럼 구달은 건장한 성인 남성도 당해내지 못할 정도로 강한 체력과 정신력을 가진 여성이었다. 그러나 아무리 돌아다녀도 침팬지는커녕 그림자도 볼 수 없는 날이 계속되자 구달도 지쳐갔다. 운 좋게 침팬지를 찾는다고 해도 가까이 가기도 전에 도망가 버리기 일쑤였다.

곰비로 들어간 지 한 달쯤 지났을 때는 구달 모녀는 함께 말라리아에 걸려 고생하기도 했다. 거의 2주 동안이나 고열에 시달리며 사경을 헤맸지만 다행히 병을 떨쳐냈다. 그리고 주변의 만류를 무릅쓰고 다음날 새벽부터 또 산에 올랐다.

바로 그날 구달은 처음으로 가까이에서 어미와 새끼로 보이는 침팬지 세 마리와 마주했다. 불과 10m도 되지 않는 거리였다. 그들은 달아나지 않고 잠시 구달을 쳐다보더니 천천히 숲속으로 사라졌다.

산봉우리에서 좀 더 지켜보니 그들은 무화과 열매를 따먹기도 하고 시냇가에서 물을 마시기도 했다. 구달은 그들을 만난 다음날부터 약 한 달 동안 산봉우리에서 침팬지를 관찰했다. 그 기간 동안 그녀는 많은 침팬지들을 보았다. 그러나 나뭇가지 사이로 잠깐씩 신체 일부를 목격했을 뿐 연구라고 할 만한 관찰은 하지 못했다.

마침내 동물행동학의 새 지평을 열다

그렇게 곰비에서 생활을 시작한 지도 4개월이 다 되어갔다. 윌키재단으로부터 보장받은 연구비도 이제 바닥이 드러나고 있었다. 새로운 지원을 받으려면 무언가 중요한 연구 결과가 있어야 했다. 그리고 드디어, 동물 세계에 대한 인간의 시각을 바꾸게 한 획기적인 사건이 찾아왔다.

우기가 시작된 11월의 어느 아침이었다. 침팬지들을 찾아 벌써 세 개의 계곡을 오르내렸지만, 침팬지의 소리나 흔적조차 찾지 못하고 있었다. 내리는 비에 몸은 흠뻑 젖어버렸고 다리는 점점 아파왔지만 구달은 다시 한 번 산봉우리를 향해 비탈을 올라갔다.

그때였다. 약 50미터 전방의 높은 풀밭에서 침팬지의 움직임이 포착됐다. 바로 곰비의 야생 침팬지들 중에서 구달을 가장 덜 두려워하는 데이비드 그레이비어드(David Greybeard)였다.

그레이비어드는 이름처럼 흰 수염을 가진 성인 수컷 침팬지였다. 아마 구달에게 그레이비어드는 루이스 리키와 어머니만큼이나 중요한 영향을 미친 존재일 것이다. 바로 침팬지가 도구를 만든다는 사실을 가르쳐 준 장본인이기 때문이다.

풀밭의 침팬지가 그레이비어드임을 확인한 후 구달은 망원경을 꺼내 들고 가만히 그를 주시했다. 그레이비어드는 흰개미굴의 붉은 흙더미 곁에 웅크리고 앉아 풀줄기를 개미굴 속에 조심스럽게 집어넣고 있었다. 잠시 후 그는 구멍에서 그 풀줄기를 꺼내 끝에서부터 무언가를 훑어 먹었다. 그렇게 약 한 시간 정도 풀줄기를 개미굴에 넣었다 꺼내 훑는 것을 반복한 후 그레이비어드는 자리를 떠났다.

그가 사라지자 구달은 즉시 개미굴로 달려가 흙더미를 조사했다. 주위에는 짓눌린 흰개미들이 널려 있었고, 한 무리의 일꾼 흰개미들은 그레이비어드가 풀줄기로 쑤셔댔던 개미굴 입구를 몸으로 막고 있었다.

구달은 그레이비어드가 버린 도구들 중 하나를 주워 개미굴 속으로 집어넣었다 꺼내 보았다. 아니나 다를까 풀줄기에는 많은 흰개미들이 달라붙어 있었다. 그레이비어드는 틀림없이 풀줄기를 '도구'로 이용해 흰개미들을 먹고 있었던 것이다.

그러나 더 놀라운 것은 그레이비어드가 잎이 달린 나뭇가지를 꺾은 후 개미굴의 구멍 속에 넣기 좋게 가지에 달린 잎들을 떼어 다듬었다는 사실이었다. 특정 목적을 위해 도구를 '사용'할 뿐 아니라 그 목적에 맞게 자연의 물체를 변형해 도구로서 '

제작'까지 한 것이다.

구달이 침팬지 관찰을 통해 발견한 또 하나의 새로운 사실은 그들이 육식을 한다는 것이다. 이전의 과학자들은 침팬지가 가끔 곤충이나 작은 설치류를 먹기는 하지만 주로 먹는 것은 과일이나 새싹, 견과류 등이라고 생각했다. 그러나 아니었다. 침팬지는 커다란 포유동물을 사냥한 후 그것을 나눠먹을 정도로 완벽한 육식을 하고 있었다.

침팬지의 육식에 대한 발견 역시 그레이비어드에 의해 이루어졌다. 그가 도구를 만들어 개미굴에서 흰개미를 꺼내 먹는 것을 본 날보다 2주 정도 전의 일이었다. 그레이비어드와 암컷, 새끼는 나무 위에서 붉은 색의 무언가를 먹고 있었다. 자세히 보니 그건 분명 날고기였다. 새끼가 떨어진 고기조각을 주우려고 땅으로 뛰어내렸을 때 갑자기 덤불 속에서 커다란 멧돼지 한 마리가 튀어나와 공격한 걸로 보아 그 고기는 멧돼지 새끼인 것으로 추정됐다.

그 후에도 구달은 침팬지가 고기를 먹는 것을 여러 번 목격했다. 침팬지의 주식은 여전히 과일이나 풀 등이었지만, 누군가 고기를 사냥해 오면 고기 맛을 보기 위해 삼삼오오 모여들었다. 심지어 수컷이 암컷을 유혹할 때 고기를 선물로 주는 일도 있었다.

이처럼 침팬지가 도구를 만들어 사용할 줄 알고, 채식뿐 아니라 육식을 즐긴다는 두 가지 새로운 사실은 동물행동학 연구에서 획기적인 전기를 마련했다. 뿐만 아니라 구달 자신의 연구에도 큰 도움이 되었다.

구달은 연이어 발견한 이 두 가지 놀라운 사실을 전보로 리키에게 알렸다. 리키는 기다렸던 반가운 소식을 듣자마자 연구 결과를 정리해 내셔널지오그래픽협회에 지원금을 요청했다. 1961년 3월 내셔널지오그래픽협회 연구탐험위원회는 구달에게 1,400만 달러의 연구비를 지원하기로 약속했다. 그것은 향후 협회가 50년 동안 계속해 온 27회의 야생동물 그룹 대상 연구 가운데 첫 번째 지원금이었다.

침팬지가 도구를 만들어 사용할 줄 알고, 채식뿐 아니라 육식을 즐긴다는 두 가지 새로운 사실은 동물행동학 연구에서 획기적인 전기를 마련했다.

케임브리지 박사가 된 '하얀 원숭이'

곰비에서 침팬지 연구를 시작한 지 1년 정도 지났을 때 리키는 구달에게 케임브리지대학교에서 박사과정을 밟을 것을 권유했다. 짧은 기간 동안 많은 연구 성과를 거뒀음에도 불구하고 여전히 그녀를 따라다니는 '아마추어'라는 꼬리표를 완전히 떨쳐내려면 정식 학위가 필요하다는 판단이었다.

어느 정도 공감은 했지만 구달은 정든 곰비와 침팬지들을 떠나고 싶지 않았다. 더구나 대학도 나오지 않은 그녀가 박사 과정에 입학할 수 있을지 걱정이 앞섰다. 그 문제는 비교적 쉽게 해결됐다. 케임브리지대는 구달의 침팬지 연구 성과에 대해 학사 학위를 대체할 만한 것으로 인정해주었다.

구달의 케임브리지 생활은 곰비에서만큼이나 녹록치 않았다. 지도 교수인 로버트 하인드(Robert Hinde)는 그녀의 연구 방법과 작문 방식에 대해 혹독하게 비판했다. 구달은 침팬지 관찰 내용을 일기 형태로 기록하고 있었는데, 장기적인 연구를 위해서는 통계가 보다 용이한 체계적인 자료 수집 방법이 필요하다고 지적했다.

하인드는 연구 대상 침팬지들을 번호가 아니라 이름으로 부르는 것도 문제 삼았다. 그러나 구달은 그 부분만큼은 스승의 의견을 수용할 수 없었다. 구달이 지난 1년 동안 함께 해온 침팬지들은 단순한 '연구 대상'이 아니라 기쁨이나 분노, 애정 같은 감정을 표현할 줄 알고 고도의 언어는 아니지만 의사소통 수단을 갖고 있는, 고유한 성격을 가진 하나의 '생명체'였다.

또 하나 하인드로부터 지적을 받은 사항은 구달의 연구에는 가설과 그에 따른 입증 과정이 없다는 것이었다. 다시 말해 과학적인 실험의 형태가 아니라는 것이다. 그러나 구달이 최대한 실험을 배제한 것은 침팬지들에 대한 애정과 신뢰 때문이었다. 그들이 자신을 '하얀 원숭이'로 받아들이기까지 시간은 걸리겠지만 일단 경계하지 않게 되면 실험실에서와는 비교도 할 수 없는 연구가 가능할 거라고 믿었다.

구달의 신념은 시간이 흐르면서 자연스럽게 증명됐다. 곰비의 야생 침팬지들은 과학자들이 예측할 수 있는 수준의 섣부른 가설보다 훨씬 다양한 행태들을 보여주었다. 편의를 위해 번호를 붙이고 실험실에 동물을 가두는 방식이 아니라도 훌륭한 동물행동 연구가 가능함을 입증한 것이다.

오늘날 현장에서의 동물행동학 연구는 기본적으로 구달의 연구 방법을 토대로 하고 있다. 과학자들은 자연 그대로의 상태에서에서 끊임없이 관찰함으로써 우연하지만 괄목할 만한 사건들을 놓치지 않고 발견해 기록한다. 결국 과학의 경고를 무시한다고 비판받았던 구달의 사고방식은 이제 누구나 용인하는 '과학적인 접근'이 되었다.

한편 구달은 케임브리지에 가기 전 자신이 없는 동안 귀중한 연구를 놓치는 일이 생기지 않도록 보조원 훈련 체계를 마련했다. 이를 발전시켜 1965년에는 상설 연구기관인 '곰비강연구센터'를 설립했다. 그곳 출신들이 침팬지를 비롯한 유인원 연구에서 두각을 나타내면서 이제 구달의 독자적인 침팬지 연구는 '영장류학'이라는 하나의 학문으로 자리 잡았다.

일과 사랑, 양립할 수 없는 딜레마

매일 쏟아지는 엄청난 연구 결과만큼이나 구달의 명성은 날로 높아져 갔다. 그 성공에는 곰비 침팬지들의 생생한 모습을 담은 현장 사진도 큰 역할을 했다. 잡지 '내셔널지오그래픽'을 통해 전 세계로 송신된 사진들은 과학자뿐 아니라 일반 독자의 마음까지 사로잡았다. 사진을 찍은 이는 다름 아닌 구달의 전 남편 휴고 반 라윅(Hugo Van Lawick)이었다.

내셔널지오그래픽협회는 구달의 곰비 연구를 지원하면서 내셔널지오그래픽에 실을 기사와 사진을 보내줄 것을 요구했다. 하지만 글은 곧잘 쓰는 구달도 사진에는 영 소질이 없었다. 협회가 보내주는 사진작가를 받아들이면 간단히 해결될 문제였지만, 혼자 침팬지를 관찰하는 것을 좋아했던 그녀는 낯선 이와의 동행이 달갑지 않았다. 구달은 그 동안 침팬지들과 맺어온, 그들을 해치지 않겠다는 무언의 협약 같은 것이 이방인의 등장으로 깨질까봐 두려웠다.

그래서 처음에는 직접 단순한 기능의 카메라를 들고 사진을 찍었다. 하지만 구달이 내셔널지오그래픽협회로 보낸 36통짜리 필름 가운데 건질 만한 사진은 고작 한 장뿐이었다. 나머지는 다 노출이 부족하거나 초점이 맞지 않았다.

사진 때문에 진퇴양난을 겪고 있던 구달과 리키를 구해준 이가 바로 라윅이었다. 네덜란드 출신인 라윅은 리키의 강연

자료용 영상물을 제작해 준 경험이 있었는데, 리키는 그가 곰비의 침팬지들을 촬영하는 데 가장 적합한 인물이라고 판단했다. 사진에 대한 재능도 뛰어났지만, 그보다 구달처럼 어릴 때부터 자연과 더불어 사는 삶을 좋아했고 아프리카와 야생동물에 친숙하다는 점을 높이 평가했다. 게다가 마침 나이로비에 묵고 있어 바로 곰비의 캠프로 합류가 가능했다.

리키의 예상대로 라윅은 그 일을 훌륭하게 해냈다. 라윅은 구달 못지않은 열정과 헌신으로 훌륭한 파트너십을 발휘했고, 두 사람의 시너지 덕분에 곰비의 침팬지 연구는 승승장구를 계속했다.

사실 구달과 라윅이 처음부터 잘 맞았던 것은 아니다. 구달은 하나님을 믿었지만 라윅은 무신론자였고, 또 구달은 담배 피우는 걸 싫어했지만 라윅은 골초였다. 이처럼 처음에는 서로에게 호감이 없던 두 사람도 곰비의 숲속에서 함께 고생하고 캠프에서도 공동생활을 하다 보니 자연스럽게 친밀해졌다. 그 감정이 나중에는 사랑으로 발전했고 결국 둘은 결혼까지 하게 되었다.

한편 구달이 쌓아놓은 신뢰 덕분에 침팬지들도 라윅의 커다란 삼각대와 카메라에 별다른 거부감을 나타내지 않고 잘 견뎌주었다. 라윅은 사진을 찍는 틈틈이 영상으로도 구달과 침팬지들의 모습을 담아두었는데, 이 필름들은 나중에 내셔널지오그래픽협회가 후원하는 구달의 강의에 사용되기도 했다.

라윅의 사진을 첨부한 구달의 첫 번째 기고 '야생 침팬지와 함께 한 나의 인생(My Life Among Wild Chimpanzee)'은 1963년 7월말 발간된 내셔널지오그래픽 8월호에 실렸다. 금색 테두리가 둘러진 잡지에는 구달이 곰비에서 흘린 땀과 시간의 결과물이 37페이지의 특집 기사로 활자화되어 있었다.

기사는 세상에 커다란 반향을 일으켰다. 잡지는 300만 명 이상의 정기 구독자에게 배송되었고, 구달에게는 전 세계로부터 팬레터가 쇄도했다. 이제 구달은 유명인사가 된 것이다.

하지만 그 이면에는 어두운 그림자도 있었다. 구달이 성공 가도를 달리는 동안에도 라윅은 여전히 세인의 관심과는 거리가 멀었다. 구달의 빛에 가려 라윅의 존재는 미미했다. 야침 차게 출간한 '무고한 살인자들(Innocent Killers)'도 구달의 '인간의 그늘에서'에 가려 별로 주목을 받지 못했다.

여기에 내셔널지오그래픽협회가 구달과 라윅의 관계를 더 불편하게 만들었다. 협회는 라윅이 곰비에서 찍은 사진과 영상에 대해 권리를 주장했다. 그의 개인적 창작 활동을 제한해 작가로서의 자존심마저 건드린 것이다.

견디다 못한 라윅은 곰비에서의 계약된 업무가 끝나자 세렝게티에서의 사진 작업을 핑계로 떠나버렸다. 사실상 별거에 들어간 것이다. 그리고 결혼한 지 10년 만인 1974년 두 사람은 이혼에 합의했다.

라윅을 떠나보낸 구달에게는 새로운 사랑이 찾아오기도 했다. 라윅과의 사이에서 낳은 아들 그러블린(Grublin) 때문에 이혼을 망설이던 구달이 결단을 내린 것은 새로운 사랑인 데릭 브라이세슨(Derek Bryceson)의 역할도 컸다.

영국 출신인 브라이세슨은 아프리카에 정착한 최초의 백인이자, 아프리카로 귀화해 탄자니아 정부 첫 내각의 각료로 발탁된 백인 정치인 신화를 이룬 인물이다. 구달이 브라이세슨을 만나게 된 것은 곰비의 침팬지 연구를 지원해 줄 재단을 찾는 과정에서였다. 지원금 문제로 자주 만나다 보니 관심사가 비슷한 두 사람은 어느새 친해졌고 나중에는 자연스럽게 연인 관계가 되었다. 라윅과 이혼한 이듬해 구달과 브라이세슨은 결혼해 정식 부부가 되었다.

그러나 구달과 브라이세슨의 관계도 그리 오래 가지 못했다. 결혼 6년차 되던 해 브라이세슨이 암에 걸려 사망한 것이다. 구달은 그렇게 또 한 명의 동지이자 사랑하는 이를 잃고 말았다.

36통 짜리 필름 가운데 건질 만한 사진은 고작 한 장뿐이었다. 나머지는 다 노출이 부족하거나 초점이 맞지 않았다. 사진 때문에 진퇴양난을 겪고 있던 구달과 리키를 구해준 이가 바로 라윅이었다.

삶이 있는 곳에 '희망'이 있다

개인사의 불행과는 별개로 과학자로서 구달의 인생은 여전히 순풍을 타고 있었다. 곰비에서의 현장연구는 물론 스탠퍼드대 강의와 순회강연, 회의 등을 병행하며 바쁜 나날을 보냈다. 내셔널지오그래픽기사를 비롯해 수많은 저술도 쏟아내고 있었다.

1977년에는 아프리카 침팬지와 야생동물들에 대한 연구와 보호사업을 위해 제인구달연구소(Jane Goodall Institute, JGI)를 설립했다. 일차적으로는 안정적인 곰비의 침팬지 연구 지원과 재원 마련을 위한 것이었지만, 더 나아가 야생동물에 대한 인식을 개선하고 교육하는 것이 중요한 설립 목적이었다.

구달은 인간의 가장 가까운 친척이지만 한편으로는 인간에 의해 엄청난 시련을 겪고 있는 침팬지들에게 책임감을 느꼈다. 그리고 기술 진보를 빌미로 침팬지들을 이용하고 야욕을 채우려는 인간들에게서 반드시 그들을 보호하겠다고 다짐했다.

1986년 이후 구달은 어떤 곳에서도 3주 이상 머문 적이 없을 정도로 활발한 활동을 하고 있다. 1년에 300여 일을 길에서 보내며 각종 강연과 리셉션, 기자회견 등에 참석해 야생동물과 환경 보호를 호소한다. 구달은 이제 '과학자'보다는 '사회운동가'로 불린다. 처음 곰비의 낙원을 떠나는 것은 쉽지 않은 결정이었지만 구달은 지금 하고 있는 일이 더 중요하다는 것을 알고 있다.

구달이 사회운동가로서 새로운 인생을 시작하게 된 계

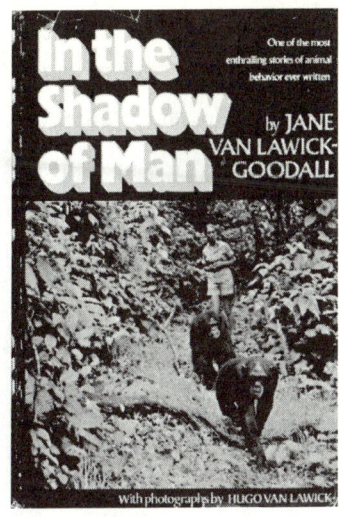

인간의 그늘에서 초판

기는 1986년 11월 미국 시카고에서 열린 학회였다. 구달의 평생 연구를 집대성한 책 '곰비의 침팬지들: 행동 유형 (The Chimpanzees Of Gombe: Patterns Of Behavior)'의 발간을 축하하기 위해 '침팬지 이해하기'라는 대형 학회가 열렸다. 하지만 아이러니하게도 이 학회는 주인공이었던 구달이 그 동안 누려왔던 과학자로서의 영예를 포기하는 자리가 되고 말았다.

아프리카 전역에서 연구하고 있던 모든 현장 연구자가 처음으로 한 데 모인 학회는 구달의 삶의 경로를 완전히 바꿔놓았다. 참가자들은 연구 주제인 침팬지 '이해하기'가 아니라 앞으로 연구할 침팬지가 '얼마나 살아남아 있느냐'에 더 주목했다.

연구자들이 보여주는 세계 각국의 침팬지 학대 실태는 구달이 상상하던 이상이었다. 특히 그 중 한 논의는 그야말로 충격이었다. 침팬지가 사는 숲이 무시무시한 속도로 사라지고 있고, 밀렵꾼들이 덫을 놓아 침팬지들을 포획하고 있으며, 식용 목적으로 야생동물을 상업적으로 사냥하는 '숲고기' 거래가 시작되었다고 보고 했다.

실제로 보존구역 내에서 비교적 안전하게 보호를 받으며 자유롭게 생활하는 곰비의 침팬지들과 달리, 다른 지역에서는 야생 침팬지를 식용으로 사냥하거나 애완용으로 불법 거래하는 일이 비일비재했다. 침팬지 개체수는 갈수록 줄어, 구달이 연구를 시작했던 1960년 즈음 100만 마리도 넘던 것이 1986년 당시는 절반 수준으로 감소해 있었다.

사실 구달은 학회가 열리기 전 여러 번 동물권리 및 자연 보호 단체들로부터 힘을 실어 달라는 부탁을 받았다. 동물학자로서의 그녀의 명성과 대중적 인지도, 인기라면 큰 도움이 될 터였다. 그러나 그때마다 구달은 미온적인 태도를 보였다. 자신이 가장 행복을 느끼는 순간은 곰비에서 침팬지들을 관찰할 때임을 잘 알았고, 과학자로서의 현재 모습과 그동안의 연구 성과에 만족을 느끼고 있었기 때문이다.

그러나 학회를 마치고 회의장 문을 나서는 순간 구달은 바로 지금이 침팬지들을 돕기 위해 현장을 떠나야 할 때임을 깨달았다. 인간들의 경각심을 일깨우고 희망을 심어주기 위해, 적어도 그 잔인한 행동들을 일부라도 멈추기 위해, 온 힘을 다해야 할 때가 왔음을 직감했다.

오늘날 제인구달연구소는 의학용 침팬지에 대한 보호 운동을 비롯해 동물원 등에 갇힌 상태에 있는 침팬지의 보호와 이해를 도모하는 '침팬주(ChimpanZoo)' 프로그램을 활발히 전개 중이다. 또 아프리카 지역의 농림업을 촉진하기 위한 'TACARE(the lake Tanganyika Catchment Reforestation and Education)', 자연과 동물을 사랑하고 서로를 존중하도록 가르치는 환경·봉사 운동인 '뿌리와 새싹(Roots & Shoots)' 등을 통해 전 세계인들에게 동물과 환경 보호의 중요성을 알리는 데 앞장서고 있다.

구달은 이제 백발이 성성한 할머니가 된 채 지구와 환경과 인간 그리고 동물을 생각하는 사회운동가로서 '길 위의 삶'을 살고 있다. 1986년 이래 매년 26여 년 동안 365일 중 300여 일을 길에서, 비행기 안에서, 강연장에서 보낸다. 그녀의 옆에는 곰비의 살아있는 야생 침팬지 대신, 어릴 적 아버지가 첫돌 선물로 주었던 침팬지 인형 '주빌리'와 닮은 '미스터 H'가 함께 있다.

그리고 구달은 여전히 '희망'을 이야기한다. "우리 자신과 우리의 지성, 우리의 불굴의 정신을 믿고 함께 나아갑시다. 살아 있는 모든 것을 존중하는 마음을 기릅시다. 폭력과 편협함을 이해와 연민, 그리고 사랑으로 바꾸도록 노력합시다."

최근 구달의 관심은 동물뿐 아니라 식물에게까지 확장되고 있다. 2012년 11월 한국을 방문한 그녀는 서울역사박물관에서 강연을 열고 환경 보호와 생태계 복원에 있어 식물, 특히 도심 속 녹지의 중요성을 강조했다.

구달은 기본적으로 인간은 식물 없이는 살 수 없고, 식물은 산소를 만들어 내 탄소 발자국을 줄이는 데 도움이 될 뿐 아니라

비행기에서 내리는 제인구달

인간에게 그늘과 영혼의 휴식을 제공한다고 역설했다. 녹지대가 군데군데 섬처럼 존재하는 도시에는 그 사이를 연결해 주는 꿀벌과 같은 매개 생물이 꼭 필요한데, 결국 도시에 녹지가 늘어나면 인간뿐 아니라 원래 그곳에 살았던 동물이나 곤충들에게도 도움이 된다는 것이다.

사실 구달의 한국 방문은 '생명다양성재단' 창립식에 참석하기 위한 것이었다. 생명다양성재단은 그녀와의 인터뷰를 통해 2004년부터 인연을 쌓아온 최재천 이화여대 교수가 주축이 되어 만든 공익 재단이다. 앞으로 제인구달연구소 한국지부 역할을 하며 구달의 대표적인 환경 운동 사업인 뿌리와 새싹 등의 프로그램을 운영할 예정이다.

인간의 정의를 바꾸고, 살아있는 모든 것에 대한 존중을 이야기하는 제인 구달. 그녀를 통해 우리는 인간이 개성과 합리적 사고와 감정을 지닌 유일한 동물이 아니며, 동물의 왕국의 '이방인'도 오만한 '지배자'도 아닌 하나의 '일원'일 뿐임을 깨닫게 되었다. 그리고 이제 동물뿐 아니라 '살아있는 모든 것'을 존중해야 함을 배워가고 있다. 구달이 말하는 '희망의 위력'은 바로 이런 것이 아닐까.

> 구달은 이제 백발이 성성한 할머니가 된 채 지구와 환경과 인간 그리고 동물을 생각하는 사회운동가로서 '길 위의 삶'을 살고 있다.

제인 구달 약력

1934.4.3.	영국 런던 출생
1960.	곰비 침팬지 보호구역에서 연구 시작
1962&1964.	내셔널지오그래픽협회 '프랭클린 버 상' 수상
1963.	내셔널지오그래픽 '야생 침팬지와 함께 한 나의 인생' 기고
1965.	케임브리지대학교 동물행동학 박사
1971.	'인간의 그늘에서(In the Shadow of Man)' 출간
1972.	어린이 책 '숲속의 아기 그럽 (Grub: The Bush Baby)' 출간
1977.	제인구달연구소 설립
1986.	'곰비의 침팬지들: 행동 유형(The Chimpanzees of Gombe: Patterns of Behavior)' 출간
1990.	'창문을 통해(Through a Window)' 출간
1991.2.	뿌리와 새싹 설립
1994.	제인구달연구소 TACARE 출범
1995.	내셔널지오그래픽협회 '허바드 상' 수상
1999.	'희망의 이유(Reason For Hope)' 출간
2001.	'비폭력 간디 킹 상' 수상
2002.	UN 평화사절 임명
2007.	UN 평화사절 재임명
2009.	'희망의 자연(Hope for Animals and Their World)' 출간
2010.	영화 '제인의 여정(Jane's Journey)' 개봉

Sheryl Sandberg

페이스북 최고운영책임자
셰릴 샌드버그

"우리는 한 가지를 빼어나게 잘하는 데 집중하고 있습니다.

다른 회사들을 보면 여러 가지 일을 동시에 하지만

우리는 성장하는 가운데서도 여전히 한 우물만 팝니다."

페이스북의 기적을 도운 '진정한 리더'
셰릴 샌드버그

셰릴 샌드버그는 글로벌 IT 기업인 구글과 소셜네트워크서비스의 대명사 페이스북을 지금의 성공에 올려놓은 주역이다. 하버드대에서 경제학을 전공한 그녀는 미국 재무부와 세계은행, 세계적 컨설팅 기업인 맥킨지, 구글 등 민관을 두루 거치며 경험과 실력을 쌓은 후 2008년 페이스북에 정착했다. 초기에는 남성 중심의 조직에서 시련도 겪었지만 자신감을 잃지 않고 새로운 사업 구상에 더욱 박차를 가한 결과 페이스북에 최적인 비즈니스 모델을 개발하는 데 성공했다. 이를 통해 페이스북에 막대한 부를 안겨준 샌드버그는 이제 페이스북과 실리콘밸리를 넘어 전 세계인이 주목하는 '파워 여성 리더'로 자리매김 했다.

미국 뉴욕의 한 회사. 면접을 보러 온 남성은 경력사항과 지원동기, 입사 포부 등을 머릿속으로 정리하며 인사 담당자가 있는 방에 들어섰다. 그가 자리에 앉자 면접 담당자가 질문을 던졌다. "당신의 페이스북(Facebook) 아이디와 비밀번호가 무엇인가요?"

다소 황당하게 느껴지는 이 에피소드는 세계 최대 소셜네트워크서비스(Social Network Service, SNS) 페이스북의 위상을 단적으로 보여주는 사례다. 미국의 많은 기업들은 직원들의 개인정보 수집이나 충성도 파악을 위해 페이스북을 활용하고 있으며 이것이 지나쳐 개인정보 침해라는 사회 문제로까지 대두되고 있다.

전 세계 가입자 수 10억 명에 이르는 페이스북의 주인은 잘 알려진 대로 29살의 젊은 CEO 마크 주커버그(Mark Zuckerberg)다. 하지만 주커버그를 이끌고 실질적으로 페이스북을 지휘하는 이는 따로 있다. 바로 COO(Chief Operating Officer, 최고운영책임자) 셰릴 샌드버그(Sheryle Sandberg)다.

서열상으로는 '2인자'이지만 실제로는 그녀가 페이스북의 운영을 총괄하고 있다고 해도 과언이 아니다. '페이스북의 큰누나'로 통하는 샌드버그는 수익 모델이 없어 적자에 허덕이던 회사를 지금의 위치에 올려 놓은 장본인이다. 주커버그가 포춘과의 인터뷰에서 "샌드버그가 없었다면 페이스북도 없었을 것"이라고 말했을 정도다.

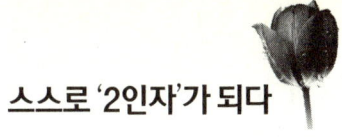

스스로 '2인자'가 되다

2008년 샌드버그가 페이스북으로의 이직을 발표했을 때 전 세계 언론과 경제인들은 모두 깜짝 놀랐다. 세계 최대의 검색 포털 기업으로 성장한 구글의 글로벌 온라인 판매 및 운영 부문 부사장이라는 '파워 포지션'을 버리고 15살이나 어린 풋내기 경영자 주커버그가 운영하는 신생 벤처기업에 둥지를 튼다는 것이 의외의 선택이었기 때문이다.

게다가 샌드버그는 혁신적인 검색 광고 플랫폼 '애드워즈(Ad Words)'를 혁신해 구글의 미래 성장동력을 창출한 성공 신화의 주역이었다. 뿐만 아니라 클린턴 정부 시절에는 재무부 장관의 수석 비서를 지낸 지략가이기도 했다.

사실 샌드버그가 페이스북으로 가게 된 것은 구글이 자초한 것과 마찬가지였다. 2007년 구글은 당시 최고의 인기를 누리던 '마이스페이스(My Space)'를 위협하며 소셜미디어 시장의 새로운 강자로 부상한 페이스북에 눈독을 들였다. 2004년 하버드대 학생들만을 위한 제한된 네트워크로 시작했던 페이스북은 3년 만에 구글과 마이크로소프트, 야후 등 IT 업계의 '거대 공룡'들이 노리는 탐스러운 '작은 고추'가 되어 있었다.

페이스북 인수를 위해 구글은 특히 주커버그의 마음을 사로잡는 데 공을 들였다. 전용기인 '구글원'에 주커버그를 태워 임원들과 친분을 쌓도록 했고 각종 모임에도 그를 초대했다.

셰릴 샌드버그_페이스북 최고운영책임자

그 과정에서 샌드버그와 주커버그의 운명적 만남이 성사됐다. 그들이 처음 만난 것은 2007년 연말 열린 어느 크리스마스 파티에서였다. 대학 선후배 사이였던 그들은 서로의 잠재력을 알아봤다. 주커버그는 샌드버그만이 페이스북을 구원할 수 있다고 믿었으며, 샌드버그 역시 창조성과 혁신적 아이디어로 무장한 'IT신성' 주커버그를 주목했다.

2008년 1월 두 사람은 세계경제포럼(WEF)이 열린 스위스 다보스에서 다시 만났다. 이번에 주커버그는 샌드버그에게 정식으로 페이스북의 COO 자리를 제안했다. 삼고초려 끝에 샌드버그는 결국 그 제안을 수락했고, 마침내 2008년 3월 페이스북의 COO라는 공식 직함을 달았다.

구글에서 페이스북으로 자리를 옮긴 후 샌드버그가 맡은 COO란 직책은 우리나라로 치면 상무이사나 본부장급 정도 되는 자리다. 그녀는 회사의 정책, 영업, 마케팅, 인사, 커뮤니케이션 등 전 부문에서 영향력을 행사한다.

처음 샌드버그가 페이스북에 들어갔을 때는 대내외적으로 우려도 있었다. 연륜 있는 외부인사가 신생 기업에서 능력을 펼치는 경우 창업주나 기업의 경영철학을 무시해 갈등을 빚는 경우가 다반사였기 때문이다.

그러나 샌드버그는 남들이 흔히 범하는 오류를 답습하지 않았다. 오히려 남성 중심 문화가 깔려 있던 페이스북을 여성 특유의 포용력으로 감싸며 새로운 기업문화를 만들어 갔다.

'찰리 로즈 쇼'에 출연한 샌드버그와 주커버그

특히 주커버그에게는 '남동생을 다독이는 큰 누나'와 같은 존재가 되어 주었다. 영화 '소셜네트워크'에도 나오듯 주커버그는 다소 내성적인 성격으로 대인관계에서는 서툰 점이 있었다. 반짝이는 아이디어를 치밀한 전략으로 뒷받침하는 능력도 부족했다. 그래서 샌드버그는 주커버그가 웹사이트와 시스템에 집중하는 동안 탁월한 사교력으로 비즈니스 모델 구축과 확장, 대외 관계, 정책 부문 등을 책임졌다.

2011년 11월 샌드버그는 주커버그와 함께 미국 PBS 방송국의 유명 토크쇼인 '찰리 로즈 쇼(Charlie Rose Show)'에 출연했다. 그런데 인터뷰에서 둘은 미묘한 신경전을 벌이는 것처럼 보였다. 서로가 말하는 도중에 끼어들기도 했다.

사실 샌드버그와 주커버그는 평소에도 가끔 의견 충돌을 벌인다. 그럼에도 불구하고 샌드버그가 주커버그에게 무한한 신뢰를 얻고 있는 것은 결코 페이스북의 1인자 자리를 넘보지 않기 때문이다.

샌드버그는 스스로 '2인자'를 자청하며 주커버그의 든든한 지원자 역할을 하고 있다. 분명 그녀는 세계적으로도 명망이 높은 여성 리더지만 페이스북 내에서만큼은 '리더'가 아닌 '팔로워'로 살고 있는 것이다.

그러나 훌륭한 팔로워는 리더의 지시를 무조건적으로 따르지 않는다. 샌드버그도 주커버그의 의사결정이 올바른지 끊임없이 점검하고 잘못된 부분이 있을 경우 이를 과감히 비판한다. 리더가 진정 필요로 하는 팔로워로서 역할을 다하고 있는 것이다.

> 샌드버그는 스스로 '2인자'를 자청하며 주커버그의 든든한 지원자 역할을 하고 있다. 분명 그녀는 세계적으로도 명망이 높은 여성 리더지만 페이스북 내에서만큼은 '리더'가 아닌 '팔로워'로 살고 있는 것이다.

페이스북을 돈 방석에 올려놓다

2008년 샌드버그가 페이스북에 발을 들여놓았을 때 비즈니스위크는 '웹에서 가장 영향력 있는 25인(The 25 Most Influential People On The Web)' 명단에 그녀를 포함시켰다. 관련 기사에서 비즈니스위크는 특별히 그녀를 '어른(The Adult)'이라는 상징적 표현으로 설명했다.

"마크 주커버그가 페이스북을 하버드대의 기숙사에서 만들었기 때문인지, 이 소셜네트워크의 거인은 젊고 또 대부분 남성인 컴퓨터 엔지니어들의 자유분방함에 지배되고 있었다. 그러나 회사가 전 구글 간부인 샌드버그를 COO로 고용했을 때 많은 것이 변했다. 샌드버그는 다소 '어른'스런 경영 관리를 도입해 성장과 막대한 수익 창출을 위한, 실리콘밸리에서 가장 뜨거운 시작을 도왔다."

비즈니스위크는 또 "만약 누군가 웹 2.0을 어떻게 해야 하는지 알아낸다면 그것은 바로 샌드버그다. 구글에서 글로벌 온라인 판매 및 운영 부문 부사장으로 재직 당시 그녀는 해외 사업에서 엄청난 성과를 거뒀으며 고수익 광고 사업을 담당했다. COO로서 샌드버그는 페이스북의 운영 부문을 책임지며 사업 모델을 만들어낼 것이다"라고 전망했다.

비즈니스위크의 예상은 적중했다. 샌드버그는 위기에 빠진 페이스북을 살릴 구원투수로서 '소셜미디어'라는 페이스북 고유의 특성을 활용한 '소셜광고'를 개발해 성공시켰다.

샌드버그가 오기 전 페이스북은 '비콘(Beacon)'이라는 광고 플랫폼을 갖고 있었다. 하지만 야심차게 시작한 이 비즈니스 모델은 론칭 후 얼마 지나지 않아 오히려 페이스북의 명성을 갉아먹는 애물단지가 됐다.

비콘은 일종의 광고주 브랜드 페이지로 가입자가 해당 페이지의 팬이 되면 친구들에게 그의 활동 정보를 보여주어 인지도를 높이는 시스템이었다. 문제는 비콘의 도를 넘는 '엿보기' 가능성이었다. 페이스북 사용자들은 비콘을 통해 친구의 온라인 쇼핑 이력 등 금융 거래 내역까지 확인할 수 있었다.

시민단체인 무브온(MoveOn)은 비콘의 과도한 상업성을 지탄하며 페이스북 반대 운동을 벌이기도 했다. 결국 페이스북은 사용자들에게 사과하고 비콘을 대체할 새로운 광고 모델을 찾아야 했다.

샌드버그가 새로 도입한 소셜 광고는 친구나 지인들과 취향 및 경험을 나누는 과정에서 자연스럽게 다양한 콘셉트의 광고에 접촉할 수 있도록 한 플랫폼이다. 상업성을 최대한 배제한 느낌을 주면서 타깃에 맞게 최적화된 광고를 적절하게 노출할 수 있게 함으로써 광고주들에게도 어필할 수 있었다.

또한 샌드버그는 광고를 유치하기 위해 구글 시절부터 긴밀한 관계를 맺고 있던 세계 최대의 광고주들을 적극 활용하기도 했다. 결과는 대성공이었다. 샌드버그 영입과 소셜 광고 개시 이후 페이스북은 매년 가파르게 성장했다. 가입자수는 2007년 7000만 명에서 2008년 1억 5000만 명, 2009년 2억 5000만 명, 2010년 5억 명 등 기하급수적으로 늘었다.

2011년 페이스북의 공식 가입자는 8억 4500만 명이었으며 2012년 10월에는 10억 명을 돌파했다. 지난 2004년 서비스를 시작한 지 8년만에 전 세계 인구 7분의 1을 가입시킨 것이다. 영국의 파이낸셜타임스는 이에 대해 "페이스북이 성공할 것이라고 생각지도 못했던 사람들에게 한 방 날린 기념비적 사건"이라고 평가했다.

페이스북은 실제 이용률 면에서도 상당히 훌륭한 성과를 내고 있다. 가입자의 절반이 넘는 5억 명 이상이 매일 페이스북에 로그인할 만큼 푹 빠져 있고, '뉴스피드' 란의 광고 주목도도 높다.

늘어난 가입자수와 이용률만큼 매출도 늘었다. 샌드버그가 COO를 맡은 첫 해인 2008년 페이스북의 매출은 2억 7000만 달러로 2007년의 2배 수준으로 증가했다. 소셜 광고가 정착된 2009년에는 2008년보다 무려 3배 가까이 높은 7억 7700만 달러의 매출을 올렸다. 이어 2010년 19억 7400만 달러, 2011년 37억 1000만 달러를 기록해 불과 4년 만에 매출 규모가 수십 배 커졌다.

단순히 매출만 급증한 것이 아니라 이익 면에서도 성과가 있었다. 2007년 수천만 달러의 적자를 냈던 페이스북은 2011년

10억 달러 이상 이익을 본 것으로 알려지고 있다.

주커버그와 함께 출연했던 '찰리 로즈 쇼'에서 샌드버그는 페이스북의 이러한 성공 비결에 대해 말했다. "우리는 한 가지를 빼어나게 잘 하는 데 집중하고 있습니다. 다른 회사들을 보면 여러 가지 일을 동시에 하지만 우리는 성장하는 가운데서도 여전히 한 우물만 팝니다."

> 비즈니스위크의 예상은 적중했다. 샌드버그는 위기에 빠진 페이스북을 살릴 구원투수로서 '소셜미디어'라는 페이스북 고유의 특성을 활용한 '소셜 광고'를 개발해 성공시켰다.

기대를 한 몸에 받던 아이

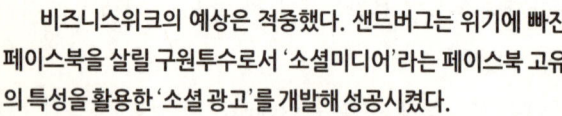

최고의 인재들만 모인 미국 실리콘밸리에서도 막강한 영향력을 행사하고 있는 페이스북의 COO 샌드버그. 그녀는 비교적 순탄하고 평범하지만 역동적인 어린 시절을 보냈다.

샌드버그는 1969년 8월 28일 미국 워싱턴 D.C.의 중산층 가정에서 세 남매의 장녀로 태어났다. 그녀가 2살 때 가족은 플로리다의 마이애미-데이드로 이사했는데, 그곳에서 아버지 조엘(Joel)은 할리우드의 안과의사로 일했고 어머니 아델(Adele)은 영어를 가르치며 청각 장애 예방과 관련된 비영리

고등학교 시절

단체를 운영했다.

유대인인 샌드버그의 부모는 당시 구 소련 내 유대인들의 자유를 위한 일들에도 참여하고 있었다. 그런 부모 밑에서 자란 샌드버그도 당연히 유대인의 인권 및 복지 증진에 관심이 많았다.

1982년 13살의 샌드버그는 지역 신문인 마이애미헤럴드에 구 소련 유대인 관련 기사를 실은 적이 있다. 주된 내용은 그녀가 처음으로 참가한 집회에 관한 것이었는데, 고작 1살 때의 일이었다.

샌드버그는 기사에서 "그날 이후 구 소련 유대인을 돕기 위한 집회에 참가하며 청원서를 나눠주기도 하고 때로는 조직적인 편지 쓰기 운동에도 동참했다"라며 그 일들의 당위성에 대해 이야기했다.

이처럼 샌드버그는 어릴 때부터 활동적이고 의욕 넘치는 아이였다. 친구들 사이에서도 인기가 많았다. 고등학교 때는 친구들 7명과 모임을 만들어 대변인 역할을 했다. 특히 그녀는 운동을 좋아해서 친구들이 방과후 집에서 쉬는 것을 가만히 두고 보지 않았다. 그들을 데리고 자전거를 타러 가기도 하고 배구 팀을 만들어 경기를 즐겼다. 심지어 그녀는 에어로빅도 가르쳤다.

주말에는 친구들과 함께 시내에 나가거나 공원에서 바비큐를 해먹었다. 때로는 인기 록밴드인 '폴리스(The Police)'나 '저니(Journey)', '제네시스(Genesis)' 등의 콘서트 표를 구하기 위해 레코드 가게 앞에서 밤새 줄을 서기도 했다. 그야말로 열정적이고 평범한 10대였다.

샌드버그와 친구들은 학생회 활동에도 열심이었다. 고등학교 2학년 때는 샌드버그가 학생회장, 친구 7명 가운데 3명이 학생회 임원에 선임됐다. 3학년 때는 2명의 친구들이 학생회를 이끌었고 샌드버그는 자문위원으로 남았다.

고등학교 모임의 베스트프렌드들과는 졸업 후 연락이 끊어진 1명을 제외하고 모두 지금까지 돈독한 관계를 유지하고 있다. 2012년 2월에는 6명의 친구들과 함께 모교인 노스마이애미 비치 고등학교의 개교 40주년 기념일을 맞아 다시 뭉치기도 했다. 그들의 모임은 마이애미헤럴드가 특별 취재할 정도로 관심을 모았다.

물론 샌드버그가 여자 친구들과만 어울린 것은 아니었다. 몇 명의 남자친구를 만나고 헤어진 경험도 있었다. 하지만 그녀의 학창시절 주요 관심사는 달콤한 데이트와는 거리가 멀었다. 오히려 대학 진학과 커리어에 맞춰져 있었다.

샌드버그의 학교 성적은 늘 '톱'이었다. 모의고사 점수는 매번 기록을 갈아 치웠고, 그녀 덕분에 노스마이애미비치 고등학교는 늘 전국 성적 우수 학교 리스트에서 상위권에 랭크됐다.

샌드버그의 부모는 똑똑한 맏딸이 하버드대를 나와 소아신경외과 의사가 되기를 바랐다. 마이애미 어린이 병원의 데이비드 박사가 그들이 생각하는 롤모델이었다. 1987년 고등학교를 졸업한 샌드버그는 부모의 바람대로 하버드대에 진학했다. 하지만 전공은 의학이 아닌 경제학이었다.

> **샌드버그는 어릴 때부터 활동적이고 의욕 넘치는 아이였다. 친구들 사이에서도 인기가 많았다. 고등학교 때는 친구들 7명과 모임을 만들어 대변인 역할을 했다.**

하버드 공부벌레에서 구글 부사장까지

하버드대 시절에도 샌드버그는 눈에 띄는 학생이었다. 대학을 수석으로 졸업할 만큼 공부도 잘 했고 커뮤니티 활동 등 다방면에서 우수한 인재였다. 그 결과 하버드대를 졸업할 때는 경제학과 최고의 학생에게 수여하는 '존 윌리엄스 상(John H. Williams Prize)'의 주인공이 됐다.

하버드 시절 샌드버그는 인생의 멘토가 된 스승 로렌스 서머스(Lawrence Summers)의 총애를 한 몸에 받았다. 서머스는 1983년 하버드대 사상 최연소 정교수로 혜성처럼 등장해 주목을 받은 경제학자다. 1990년대 클린턴 정부 시절에는 재무부 장관 등 각료로 일했고 2001년부터 2006년까지 제27대 하버드대 총장을 지낸 인물이다. 2009년부터 2010년까지는 오바마 미국 대통령의 부름을 받아 경제 정책을 총괄 지휘하는 국가경제위원회(NEC) 의장을 역임하기도 했다.

1991년 하버드대 졸업 후 샌드버그는 스승을 따라 국제 금융기관의 중심체인 세계은행에서 사회생활을 시작했다. 그곳에서 그녀는 서머스를 도와 경제 관련 업무뿐 아니라 다양한 분야에서 경험을 쌓았다. 인도의 한센병이나 에이즈 같은 보건 문제를 다루는 프로젝트를 진행하기도 하고, 대학에서 최고의 성적을 거둔 학생들의 모임인 '파이 베타 카파(Phi Beta Kappa Society)'에 들어가 활동하기도 했다.

1993년에는 세계은행을 그만 두고 하버드 비즈니스스쿨에 입학했다. 1995년 MBA를 취득할 때까지 이번에도 샌드버그는 뛰어난 학생들 사이에서 최고 성적으로 두각을 드러내며 각종 상을 휩쓸었다.

하버드 비즈니스스쿨 졸업 직후 잠시 컨설팅 전문 기업인 맥킨지(McKinsey & Company)에서 컨설턴트로 근무하던 샌드버그는 1996년 다시 스승 서머스의 휘하로 들어갔다. 나중에 빌 클린턴 정부에서 재무부 장관이 된 서머스의 수석 비서로 있으면서 2001년까지 약 4년 동안 주로 아시아 경제위기 해결 등에 힘을 보탰다.

2000년 말 조지 W. 부시가 클린턴 측의 엘 고어를 누르고 대통령에 당선되자 2001년 초 샌드버그는 워싱턴을 떠났다. 그녀의 행선지는 다름 아닌 IT 산업의 총아 캘리포니아의 실리콘밸리였다.

당시 구글 회장인 에릭 슈미트(Eric Schmidt)는 샌드버그에게 끈질긴 러브콜을 보내고 있었다. 정체된 구글에 새 바람을 불어넣을 인사로 샌드버그를 염두에 둔 그는 사업 부문 총괄 관리자로 일해 달라고 그녀를 여러 차례 설득했다.

하지만 2001년 구글은 초기 페이스북과 마찬가지로 제대로 된 수익 사업도 없이 엔지니어들만 가득한 곳이었다. 지금과 달리 재무 부문을 총괄하는 CFO(Chief Financial Officer, 최고재무책임자)도 없었다.

한 동안 망설였던 샌드버그는 마침내 인생의 전환점이 된 중대 결정을 내리고 2001년 11월 구글의 268번째 직원으로 입사했다. 샌드버그에게 슈미트가 맡긴 업무는 비상 시에 대비한 자금력을 확보하는 것이었다. 정계와 재계에서 그녀의 탄탄한 인맥을 높이 산 스카우트였던 것이다.

그러나 샌드버그는 슈미트의 지시를 받아들이는 대신 새로운 제안을 내놓았다. 단순히 유휴 자금을 끌어 모으기보다 실질적으로 매출을 올릴 수 있는 사업 모델을 만드는 것이 장기적으로 더 필요하다는 판단에서였다.

샌드버그는 그 대안으로 지지부진하던 검색 광고 '애드워즈' 사업을 궤도에 올려 놓겠다고 슈미트에게 약속했다. 그리고는 당시 사업개발 및 운영 부문 책임자인 오미드 코데스타니(Omid Kordestani) 밑으로 들어가 애드워즈 부문을 혁신하는 업무를 시작했다.

샌드버그가 특히 주목한 것은 키워드 검색 광고인 오버추어(Overture)와 유사한 CPC(Cost Per Click, 클릭 당 비용 지불) 광고 모델이었다. 구글의 막강한 검색력을 기반으로 체계적인 광고 시스템을 갖춘다면 성공 못할 리 없다고 그녀는 확신했다.

CPC 모델은 자신이 등록한 검색어가 몇 번이나 클릭되는지 광고주들이 직접 확인할 수 있고 검색수나 검색어 등록 비용에 따라 결과 화면 상위에 올라가게 할 수도 있는 맞춤형 광고 형태였다.

샌드버그는 이러한 CPC 모델을 기반으로 한 애드워즈를 재설계했다. 종전과 달리 광고 크기나 카피의 글자수를 최소화함으로써 광고로 인해 훌륭한 검색력이 퇴색되는 것을 상당 부분 방지했다.

새로운 기준을 적용해 2002년 2월 다시 론칭한 애드워즈는 샌드버그의 판단대로 검색 광고 시장에 혁명을 불러왔다. 전화번호부 외에 마땅한 광고 수단이 없던 중소기업이나 자영업자들이 특히 반겼다.

샌드버그의 애드워즈 혁신 이후 구글의 매출은 2001년 8600만 달러에서 2002년 4억 3900만 달러로 1년 만에 5배나 뛰었다. 더욱 놀라운 사실은 그 매출액 가운데 20%가 훨씬 넘는 1억 달러가 수익이었다는 점이다.

업계를 뒤흔든 샌드버그의 창조적인 도전과 성공적인 실행 덕분에 드디어 구글은 검색 결과와 광고 사이의 딜레마를 해결했다. 뿐만 아니라 든든한 캐시카우(Cash-Cow)를 확보함으로써 보다 다양한 부문에서 사업을 펼칠 수 있는 도약대를 마련했다. 오늘날 온라인과 모바일까지 아우르는 세계 최대의 IT 기업으로 자리매김 한 중심에 샌드버그가 있었다 해도 과언이 아니다.

실리콘밸리에서 여성으로 살아남기

구글에 이어 페이스북까지, 연이은 대박 행진을 만들어낸 샌드버그는 이제 가장 주목받는 여성 경제인이 되었다. 월스트리트 저널은 2007년 '주목해야 할 또 다른 여성(The Other Women To Watch)', 2008년 '주목해야 할 여성 50인(50 Women to Watch)'으로 샌드버그를 지목했다.

또 포춘은 2007년부터 5년 연속 '가장 영향력 있는 여성 50인(50 Most Powerful Women)'에 샌드버그를 선정했고, 2011년에는 포브스가 '세계에서 가장 영향력 있는 여성(The World's Most Powerful Women)' 5위에 그녀의 이름을 올렸다.

미국 언론들은 샌드버그를 '페이스북의 진짜 어른', '주커버그의 가장 가치 있는 친구' 등으로 부르고 있다. 이제 그녀를 필요로 하는 이들은 주커버그 외에도 많이 있다.

2009년 샌드버그는 월트디즈니와 스타벅스의 이사로 선임됐다. 특히 스타벅스는 매년 그녀에게 2만 8000달러의 연봉을 지급한다. 그녀는 또 미국의 사회과학 및 정책 연구기관인 브루킹스연구소, 국제 여성기구인 여성을 위한 여성 인터내셔널, 국제 비폭력 운동기구인 V-데이, 미국 공익광고협의회 등에서도 이사진으로 활동하고 있다.

이처럼 화려한 경력에 줄곧 승승장구한 것처럼 보이는 샌드버그에게도 시련이 없었던 것은 아니다. 특히 구글을 떠나 페이스북으로 자리를 옮겼을 때는 많은 이들로부터 비난을 받았다.

2011년 5월 미국 뉴욕 맨해튼의 명문 여자 대학인 버나드대 졸업식에서 축사를 맡게 된 샌드버그는 페이스북 초창기의 힘든 시절에 대해 이렇게 이야기했다.

"페이스북에 입사했을 때 실리콘밸리의 한 유명 블로그에는 저를 비난하는 글들이 무척이나 많이 올라왔습니다. 누군지도 모르는 사람들이 저를 거짓말쟁이나 이중인격자라고 비난했고, 결국 페이스북을 망쳐버릴 거라고 얘기했죠. 혼자 있을 때는 울기도 했습니다. 잠을 이룰 수 없는 날들도 많았어요."

샌드버그는 그 모든 비난을 혼자 감내하며 긍정적인 생각을 통해 극복하려고 노력했다. 그녀는 "이건 아무 일도 아니야"라며 자신을 다독였다.

"다들 저에게 아무 것도 아니니 신경 쓰지 말라고 했죠. 하지만 그 말은 곧 그런 말을 하는 사람들도 그 블로그를 봤다는 거잖아요. 저는 오만 가지 대응을 상상해 봤습니다. 그러나 제가 찾은 유일한 최선책은 그저 제 일을 하는 것이었어요. 그것도 아주 잘 해내는 것이요."

결국 샌드버그의 선택은 옳았다. 페이스북이 성과를 내자 그녀를 비난했던 쓰레기 같은 이야기들은 거짓말처럼 사라졌다.

그 일이 있은 후 샌드버그는 스스로에게 반문했다. "내가 여성의 XX 염색체를 가지고 있기 때문에 더 가혹한 평가를 받은 것일까? 그런 일들이 나에게 또 일어날 수도 있을까?"

셰릴 샌드버그_페이스북 최고운영책임자

대답은 모두 "그렇다"였다. 하지만 샌드버그는 다음번엔 그런 일로 괴로워하지도 울지도 않으리라 다짐했다. 다시 같은 일을 겪었을 때 초연할 수 있을지 장담은 못하지만 그녀는 자신이 조금 더 단단해졌음은 알 수 있었다.

샌드버그는 버나드대 졸업 축사에서 "저는 실리콘밸리에서 일하기 때문에 이렇게 많은 여성들과 한 자리에 모인 것이 낯설어요"라며 '여전히 세상은 남성이 지배하고 있다'는 '불편한 진실'을 전하기도 했다.

실제로 전 세계 190개 나라의 국가 원수 가운데 단 9명만이 여성이며, 전 세계 의회에서 의석을 차지하고 있는 여성 국회의원은 13%, 미국 대학의 여성 교수 비율은 15%에 불과하다. 또 샌드버그와 같이 미국 기업에서 고위직으로 일하는 여성은 고작 15%이며 이 수치는 무려 9년 동안이나 변하지 않고 있다.

그러나 샌드버그는 이러한 통계가 과거 세대에 비해서는 아주 많이 향상된 것임을 잘 알고 있다. 그녀는 "제 어머니가 졸업 가운을 입고 졸업식에 참석했을 때는 오직 두 가지 진로밖에 없다고 생각하셨습니다. 간호사, 아니면 교사였죠"라고 회상했다.

사실 샌드버그가 어릴 때부터 여성의 지위 향상에 관심이 있었던 것은 아니다. 친한 친구들과 토론하기를 좋아하던 고등학교 시절에도 페미니즘이 주제로 선정된 적은 없었다. 강한 여성이 되는 것이 무엇을 말하는지는 알았지만, 평범한 소녀였던 그녀는 페미니즘과 정치 이야기보다는 대학이나 남자 이야기를 하는 것이 더 좋았다.

그럼에도 불구하고 샌드버그의 어머니는 늘 그녀와 여동생에게 "무엇이든 못할 것은 없다"라고 가르쳤다. 그리고 샌드버그는 그 말을 믿었다. 덕분에 그녀는 '여성'이라는 장벽을 넘고 지금의 자리에 오를 수 있었다.

> 화려한 경력에 줄곧 승승장구한 것처럼 보이는 샌드버그에게도 시련이 없었던 것은 아니다. 특히 구글을 떠나 페이스북으로 자리를 옮겼을 때는 많은 이들로부터 비난을 받았다.

"여성들이여, 야망을 가져라"

한편 샌드버그는 그날 버나드대 졸업생들을 위해 자신과 같이 '불편한 진실'을 '성공'으로 바꿀 해법을 제시했다. 가장 먼저 강조한 것은 생각의 크기를 크게 하라는 것이다. 그녀는 "야망의 격차를 줄이지 않으면 성공에도 가까이 갈 수 없습니다. 리더십은 갖는 자에게 달려있습니다. 리더십은 당신에게서 시작됩니다"라고 역설했다.

다음 단계는 스스로 지금보다 더 큰 잠재력이 있다고 믿어야 한다는 것이다. 샌드버그는 여성들은 항상 자신의 업적에 대해 "운이 좋았어요. 훌륭한 분들이 모두 도와주신 결과입니다. 정말 힘들게 일했어요"라며 겸손을 떤다고 지적했다. 반면 남성들은 "무슨 어리석은 질문입니까. 내가 대단한 거죠"라고 대답하거나 생각한다며 자신을 과소평가하지 말라고 말했다.

샌드버그는 2010년 12월 테드(Technology Entertainment Design, TED) 강연에서는 일하는 여성들을 위한 특별한 조언도 남겼다. 테드는 정기적으로 기술, 오락, 디자인에 관련한 강연회를 개최하는 미국의 비영리 재단인데 강연 동영상은 전 세계, 특히 젊은이들에게 인기가 있다.

샌드버그는 우선 자신의 에피소드 하나를 소개했다. 2년 전 뉴욕의 금융회사에 가서 계약에 관한 논의를 진행할 때였다. 회의 시작 2시간쯤 지나자 화장실에 가야할 사람들이 생겼고 참석자들은 모두 일어났다. 그런데 회의 진행자가 곤혹스러워하며 여자 화장실이 어디 있는지 모른다고 말하는 것이었다.

"저는 물어봤습니다. '이 사무실로 이사 온 지 얼마 안 되셨어요?' 그는 1년이나 됐다고 대답하더군요. 저는 다시 말했습니다. '1년 동안 여기서 계약 관련 회의를 한 여자가 저뿐이라구요?' 그는 '그렇다'고 대답하더군요."

샌드버그는 여성 리더를 키우기 위해서는 우선 직장에 남게 해야 한다고 강조했다. 그리고 그 해결 방안으로 3가지를 제시했다. 첫째, 구석에 놓인 의자가 아닌 회의 테이블에 앉아라. 둘째, 배우자를 진짜 동반자로 만들어라. 셋째, 결혼과 임신, 출산을 대비해 미리 그만 둘 준비를 하지 마라.

테드 강연 당시 샌드버그는 5살 아들과 3살 딸의 어머니였다. 그녀의 남편은 세계 최대 온라인 설문조사 서비스인 서베이몽키(SurveyMonkey)의 CEO 데이브 골드버그(Dave Goldberg)로, 두 사람은 2004년 결혼했다.

샌드버그는 아이를 둘씩이나 둔 주부지만 돈이나 육아 걱정을 해본 적이 없었다. 그녀가 성공한 백만장자이기 때문은 아니다. 남녀평등이 제법 잘 실현되고 있는 가정을 가진 덕분이다.

물론 아이들을 떼놓고 집을 나설 때는 샌드버그도 마음이 아프다. 테드 강연이 있던 날도 3살짜리 작은 딸은 비행기를 타기 위해 집을 나서는 그녀의 다리를 끌어안고 울며 가지 말라고 매달렸다.

2012년 9월 한국을 방문했을 때 조선일보 위클리비즈와 인터뷰에서 샌드버그는 아이들 얘기에 눈시울을 붉히기도 했다. 1시간여에 걸친 인터뷰 내내 말문이 막히는 법이 없던 그녀가 "아이들과 충분히 시간을 보내느냐"는 단 한가지 질문에 대해서만은 예외적인 모습을 보였다. 그녀는 한숨을 내쉬며 "미안하지만 그 얘기는 하고 싶지 않네요"라고 말했다.

하지만 샌드버그는 늘 자신이 두 아이의 어머니인 동시에 세계 최고 기업의 임원이라는 것을 강조한다. 하지만 그녀가 진짜 강조하고 싶은 것은 높은 직책 그 자체보다 가정과 회사, 그리고 사회에서 자신의 역할을 성실히 수행하고 있다는 점이다.

샌드버그는 이러한 자신의 경험을 토대로 남성 중심 사회에서 고군분투하는 다른 여성들의 멘토로 나서고 있다. 버나드대 졸업식 연설이나 테드 강연은 그러한 활동의 일환이다.

하버드대 재학 시절 샌드버그는 정치와 경제를 전공하는 여학생들을 스카우트하는 동아리를 만들어 리더십을 보여준 적이 있다. 이제 그녀는 실리콘밸리에서도 다양한 여성 모임을 주도하며 여성 리더들과 네트워크를 구축하고 있다.

실제로 페이스북에 들어온 후 샌드버그는 여성 임원을 많이 임용했다. 인사 담당에 이베이의 마케팅을 담당했던 로리 골러(Lori Goler)를, 플랫폼 및 모바일 마케팅 부문장에 IT 기업 팜과 야후, 네트다이내믹스 등에서 일했던 케이티 미틱(Katie Mitic)을 영입했다.

이와 관련 구글에서 샌드버그와 함께 일했던 수킨더 싱 캐시디(Sukhinder Singh Cassidy)는 2012년 초 뉴욕타임즈와의 인터뷰에서 "이렇듯 재능 있는 사람들을 끌어들이고 계속 끌고 나갈 수 있는 것은 샌드버그이기에 가능합니다"라고 말하기도 했다.

> 샌드버그는 늘 자신이 세계 최고 기업의 임원이라는 것을 강조한다. 하지만 그녀가 진짜 강조하고 싶은 것은 높은 직책 그 자체보다 가정과 회사, 그리고 사회에서 자신의 역할을 성실히 수행하고 있다는 점이다.

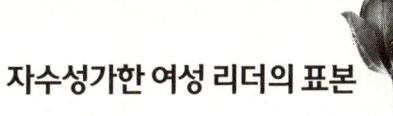

자수성가한 여성 리더의 표본

2012년 1월 샌드버그는 스위스 다보스에서 열린 세계경제포럼(WEF)에서 국제통화기금(IMF) 총재인 크리스틴 라가르드(Christine Lagarde)와 만났다. 라가르드는 "아들이 페이스북에 가입하라고 하더군요"라며 먼저 화두를 던졌다.

원래 소셜미디어에 관한 이야기를 나누려던 자리였지만 샌드버그는 주로 일자리와 경제 문제에 초점을 맞췄다. 그녀는 이처럼 여성이 냉혹한 경쟁 사회에서 바로 설 수 있는 방법에 대해 끊임없이 이야기한다. 많은 여성들이 그녀를 롤모델로 지목하는 것도 이 때문이다.

샌드버그의 페이스북은 2011년까지 미국과 유럽에서 이미 45만 개의 일자리를 창출했다. 2012년 기업공개(IPO: Initial Public Offering) 이전인 세계경제다보스 포럼 기간 중 미국 경제 전문 방송 CNBC와 가진 인터뷰에서 그녀는 "기업공개는 일자리와 세상을 바꾸기 위해 일하는 사람들에게 기회가 될 것입니다"라며 치솟고 있는 청년 실업률에 대한 해법을 제시하기도 했다.

샌드버그는 이미 '돈방석'에 앉아 있는 미국 최고의 자수성가한 여성 갑부 가운데 한 명이다. 2011년 한 해에만 3100만 달러를 벌었는데 여기에는 기본급과 보너스 3,050만 달러 가량의 페이스북 주식이 포함됐다.

버나드대학 강연

 2012년 5월, 페이스북은 주당 38달러의 공모가로 기업공개에 성공해 역대 최대 규모인 160억 달러의 자금 조달에 성공했다. 공모가가 워낙 높았던 만큼 이후 거품이 빠지면서 주가가 하락하긴 했지만 페이스북은 여전히 '로켓 성장'을 거듭하며 세계인의 주목을 받고 있다.

 일각에서는 기업공개 후 샌드버그가 페이스북을 떠날 것이라고 예상하기도 했다. 돈을 챙긴 그녀가 새로운 회사를 창업할 가능성이 크다는 추측이었다. 실제로 고위 임원진 중 몇 명은 이미 페이스북을 이탈했다.

 하지만 샌드버그는 여전히 위기에 빠진 '페이스북의 큰 누나'로서 자리를 지키며 굳건한 의리를 보여주고 있다. 심지어 자택도 페이스북 본사 바로 옆인 실리콘밸리의 먼로파크에 새로 구입했다.

샌드버그는 포브스의 '2012년 글로벌 여성 리더 10인'에서 비즈니스계를 통틀어 유일하게 뽑혔다. '2012년 글로벌 10대 여성 경영인' 가운데에서는 펩시의 최고경영자(CEO)인 인드라 누이(Indra Nooyi)를 제치고 당당히 1위를 차지했다.

한편 샌드버그는 2012년 9월, 가입자 1000만 명이 넘는 중요한 시장 가운데 하나인 한국을 방문했다. 조선일보 위클리비즈와 가진 인터뷰에서 그녀는 "웬만한 대기업에서도 충분히 CEO를 맡을 수 있는데 왜 페이스북 COO를 택했습니까"라는 질문에 이렇게 대답했다.

"저는 사회에 대한 영향력을 좇아 여기에 왔습니다. 누군가는 높은 직급, 많은 연봉, 넓은 사무실, 전용 주차장 같은 것을 따질 수도 있습니다. 하지만 저는 '얼마나 세상을 바꿀 수 있느냐'를 따졌습니다. 페이스북의 COO가 세상에 주는 영향이 다른 기업의 CEO보다 훨씬 크기 때문입니다. 세상을 연결하고 있는 지금 여기가 제 꿈의 직장입니다."

그리고 샌드버그는 한국 여성들에게 이런 말을 덧붙였다. "저는 남성이든 여성이든 모두 사회에 공헌해야 한다고 믿습니다. 누구든 아침에 일어나 '오늘도 보람찬 하루를 보내자'고 말할 수 있어야 한다는 이야기입니다. 이런 일을 할 수 있는 직장을 고르는 것, 그것이 가장 중요합니다."

가정과 일의 딜레마 속에서 갈팡질팡하며 어느 것 하나 제대로 하지 못하는 많은 여성 직장인들에게 샌드버그의 이 메시지는 하나의 성공 지침이 될 것이다.

 페이스북의 유일한 여성 이사이자 구글과 페이스북을 성공시킨 '마이더스의 손', 전 세계 일하는 여성의 성공적인 역할 모델인 샌드버그. 그녀가 인정받고 있는 것은 화려한 경력보다는 리더로서의 자질 덕분이다.

 샌드버그는 자기 자신을 믿고 철저한 자기관리와 계발을 거듭했으며 언제나 혁신적 사고로 스스로를 무장했다. 앞으로도 그녀는 페이스북에서든 아니면 다른 어떤 기업에서든 제 몫을 톡톡히 해내는 경영인으로서 여성이라는 한계를 극복하고 목표를 향해 쉼 없이 나아갈 것이다.

셰릴 샌드버그 약력

1969.8.29.	워싱턴 D.C. 출생
1987.	노스마이애미비치 고등학교 졸업, 하버드대학교 경제학과 입학
1991.	하버드대학교 경제학과 졸업
1991~1993.	세계은행 연구원
1993.	하버드대 비즈니스스쿨 입학
1995.	하버드대 비즈니스스쿨 졸업(MBA 취득)
1995~1996.	맥킨지 컨설턴트
1996~2001.	미국 재무부 장·차관 수석 비서
2001~2008.	구글 글로벌 온라인 판매 및 운영 부문 부사장
2007.	월스트리트저널 '주목해야 할 또 다른 여성', 포춘 '가장 영향력 있는 여성 50인' 선정
2008~현재.	페이스북 COO
2008.	비즈니스위크 '웹에서 가장 영향력 있는 25인', 월스트리트저널 '주목해야 할 여성 50인' 선정
2009~현재.	월트디즈니·스타벅스 이사
2009.	포춘 '가장 영향력 있는 여성 50인' 선정
2010.	포춘 '가장 영향력 있는 여성 50인' 선정
2011.	포춘 '가장 영향력 있는 여성 50인', 포브스 '세계에서 가장 영향력 있는 여성' 5위 선정

Hillary Clinton

미국 국무부 장관
힐러리 클린턴

"나는 퍼스트레이디나 상원의원으로 태어나지 않았다.

민주당원으로 태어나지도 않았고, 변호사로 태어나지도 않았고,

여성의 권리와 인권의 옹호자로 태어나지도 않았다. 아내나 어머니로

태어나지도 않았다. 나는 20세기 중엽에 한 미국인으로 태어났다."

스스로 '살아있는 아이콘'이 되다
힐러리 클린턴

힐러리 클린턴은 미국 최초의 여성 대통령 감으로 끊임없이 거론되는 인물이다. 어렸을 때부터 정치에 관심이 많았던 그녀는 웰즐리여대와 예일대 법대를 거쳐 30여 년 가까이 아동과 여성 인권 전문 변호사로 활약하며 '가장 영향력 있는 변호사'로 명성을 높였다. 남편 빌 클린턴이 아칸소 주지사 재임 시절에는 아칸소에서, 그가 대통령이 된 후에는 백악관에서 '또 하나의 주인'으로 미국의 정치계에 든든한 버팀목이 되어 왔다. 2001년 상원의원에 취임하며 빌 클린턴의 부인이 아닌, 힐러리 클린턴 자신의 이름을 되찾은 그녀는 2008년 국무장관에 올라 전 세계를 돌며 미국의 선봉장 역할을 하고 있다.

힐러리 클린턴_미국 국무부 장관

2001년 상원의원 취임 후 선서를 재연하는 힐러리

2001년 1월 3일 미국 의회 의사당. 하늘색 바지 정장을 입은 금발의 한 여성이 신임 상원의원 10명과 트렌트 로트(Trent Lott) 공화당 원내총무 등 23명의 상원의원 앞에 섰다. 사진기자들에게 노출이 가장 잘 되는 맨 앞줄에 선 그녀는 다름 아닌 힐러리 로댐 클린턴(Hillary Rodham Clinton)이었다.

현직 대통령 부인으로는 미국 역사상 처음으로 공직에 선출된 힐러리 클린턴 그녀는 남편 빌 클린턴(Bill Clinton) 당시 미국 대통령과 딸 첼시(Chelsea) 등 가족과 친지들이 지켜보는 가운데 취임 선서를 시작 했다.

선서식은 상원의장직을 겸하고 있던 앨 고어(Al Gore) 부통령 주재로 열렸다. 이어 힐러리는 당시 98세로 상원 최연장자였던 공화당의 스트롬 서몬드(Strom Thurmond) 사우스캐롤라이나 주 의원으로부터 축하인사를 받았다.

식이 끝난 후 힐러리는 남편인 빌 클린턴과 딸 첼시, 앨 고어와 함께 의사당 내 옛 상원 회의장에서 다시 한 번 축하의 자리를 가졌다. 힐러리는 빌 클린턴이 들고 있는 성경 위에 손을 얹고 취임 선서식을 재연하며 '퍼스트레이디'에서 '상원의원'으로의 새로운 인생의 막을 걷어 올렸다.

힐러리는 2000년 11월 7일 미국 뉴욕 주 선거에서 공화당의 4선 하원의원 릭 라지오(Rick Lazio)를 55%대 43%의 큰 표 차로 제치고 민주당 상원의원에 당선됐다. 뉴욕 시민들로부터 조국에 헌신할 새로운 기회를 부여받은 것이다.

당선이 확정된 날 저녁, 힐러리를 축하하기 위해 수많은 사람들이 모였다. 아직 앨 고어와 조지 W. 부시(George W. Bush)의 대통령 선거 결과가 불확실한 상황이었지만 '힐러리랜드(Hillaryland)'를 비롯한 지지자들로 그랜드하이어트 호텔 파티장은 발 디딜 틈이 없을 정도였다.

수십 번의 포옹과 악수가 이어진 후 힐러리는 지지자들에게 감사 인사를 전하기 위해 마이크 앞에 섰다. 그녀는 "62개 카운티, 16개월, 세 차례의 토론회, 두 명의 상대, 여섯 벌의 검은 바지 정장을 거쳐 여러분 덕분에 우리는 지금 이 자리에 있습니다!"라며 당선 소감을 말했다.

그 날의 감격스러운 순간에 대해 힐러리는 2003년 펴낸 자서전 '살아있는 역사(Living History)'에서 이렇게 회고한다. "칭호는 있지만 직책은 없는 8년을 지낸 뒤, 이제 나는 '상원의원 당선자'였다."

'힐러리만의 리그'를 시작하다

힐러리에 대한 뉴욕 주민들의 믿음은 이후에도 다시 이어졌다. 2005년 뉴욕 주 상원의원 재선에 성공한 것이다. 그 믿음은 미국 전역으로 확산되며 그녀의 정치적 영향력을 공고히 하는 든든한 토대가 되었다.

사실 2001년 처음 상원의원이 되기까지 적지 않은 어려움을 겪었다. 힐러리의 출마 자체가 정치 공세의 대상이었다. 출마 결심을 할 당시 미국에서는 빌 클린턴의 성추문 사건 관련 탄핵 재판이 진행 중이었다.

그 외에도 그녀의 장애물은 한두 가지가 아니었다. 빌 클린턴 1기 정부에서 내무장관을 지낸 뉴욕 정치 전문가 해럴드 아이크스(Harold M. Ickes)는 출마 전 힐러리와 만난 자리에서 그녀가 만나게 될 장애물들을 줄줄이 나열했다.

우선 뉴욕 태생도 아니고 공직 경험도 전무했던 힐러리는 뉴욕의 터줏대감으로 불리던 루돌프 줄리아니(Rudolph Giuliani) 뉴욕 시장과 정면 승부를 해야 했다. 그리고 그녀는 여성이었다. 줄리아니의 공화당이 힐러리를 '마녀'로 만들 것이 분명했다. 안 그래도 남편의 성추문 등으로 심적 피로가 쌓인 그녀가 감당하기에는 벅찬 일이 될 것임이 분명했다.

육체적인 부담도 결코 간과할 문제는 아니었다. 만약 출마하게 되면 몬토크 시에서 나이아가라폴스 시까지, 장장 13만 7,304㎢에 달하는 넓은 뉴욕 주를 종횡무진하며 작은 나라의 인구수와 맞먹는 1,900만 뉴욕 주민을 상대로 선거운동을 펼쳐야 했다.

다행히 아이크스와의 면담이 있었던 바로 그 날 오후 미국 연방 상원은 탄핵안을 부결에 부쳐 남편 빌 클린턴의 혐의를 벗겨주었다. 탄핵안은 재적 의원 과반수의 지지도 얻지 못했는데, 그 일로 힐러리는 자신감을 회복할 수 있었다.

하지만 힐러리의 친지나 측근들은 여전히 상원의원 출마에 대해 부정적이었다. 그녀의 정치 고문이자 일정 관리자인 패티 솔리스 도일(Patti Solis Doyle)은 "아무래도 이 선거에서는 이길 수 없을 것 같아요"라고 확신의 말을 내뱉은 뒤 클린턴 부부의 시카고 이주 계획을 세우기도 했다.

또 다른 참모들은 그 동안 힐러리가 추진해 왔던 정책적 의제들이 중단되지 않을까 걱정했다. 힐러리는 30년 동안 변호사로 근무한 뒤 8년 동안 퍼스트레이디로 있으면서 국내는 물론 국제 무대에서 여성과 아동, 가족에 대한 많은 난제들에 대해 영향력을 행사해 왔다. 그러나 상원의원이 되어 빡빡한 일정과 거친 정치 공세에 시달리다 보면 그러한 정책 의제들에는 미처

신경을 쓰지 못하게 될 수 있다는 것이 그들의 예상이었다.

힐러리 스스로도 고민에 빠졌다. '나는 또 다시 빌의 대리인에 불과한 존재가 되어버리는 게 아닐까?' 뉴욕에서 빌 클린턴의 인기는 여전했던 것이다. 퍼스트레이디 신분인 힐러리가 독립적인 정치인이 되기 위해 가장 먼저 넘어야 할 벽은 바로 빌 클린턴이었다. 그리고 벽은 꽤 높아 보였다.

그러나 쉽게 결정을 내리지 못하는 힐러리를 오히려 독려한 것은 빌 클린턴이었다. 르완스키 사건 이후 소원해졌던 둘의 관계는 힐러리의 출마 결정을 의논하며 다시 대화의 물꼬가 트였다. 빌은 아내를 돕고 싶어 했고 힐러리도 그런 빌을 보며 점점 느긋해졌다. 게다가 그의 오랜 정치 노하우와 전문 지식은 분명 그녀에게 큰 도움이 될 터였다.

출마하는 쪽으로 어느 정도 마음을 굳혀가던 힐러리에게 마지막으로 추진 동력을 제공한 것은 의외의 인물이었다. 그녀는 퍼스트레이디로서 여성 운동선수들을 소재로 만든 한 케이블 방송 영화 프로그램 홍보 행사에 초대되었다. 뉴욕 시 한복판 맨해튼의 대안학교에서 열린 그 행사에는 수십 명의 운동선수들이 참석했다.

여자 농구팀 주장과 악수를 하기 위해 다가섰을 때 그녀가 힐러리의 귀에 대고 속삭였다. "클린턴 여사, 경쟁을 두려워하지 마세요." '경쟁을 두려워하지 마라.' 그것은 영화의 제목이기도 했다.

그 말을 듣는 순간 힐러리는 허를 찔린 것 같았다. 그 동안 수많은 여성들에게 용기를 북돋아 주며 하던 말이 바로 "경쟁을 겁내지 말라"는 것이었다. 그런데 실패할 것이 두려워 경쟁 지체에도 뛰어들지 못하고 있던 자신에게 농구팀 주장이 되레 그 말을 들려준 것이다.

힐러리는 여자 프로 야구단을 다룬 영화 '그들만의 리그'를 떠올렸다. 운동이 힘들다며 시즌이 끝나기도 전에 포기하고 집으로 돌아가겠다던 주인공에게 야구팀 감독은 이렇게 말한다. "힘드니까 운동이 대단한 거야."

지금까지 힐러리는 '힘든' 리그를 뛰는 이들을 옆에서 지켜보며 함께 관전하는 여성들에게 그 리그 속으로 들어가야 한다고 말하곤 했다. 이제는 그녀 자신이 직접 들어갈 때가 되었다는 생각이 들었다. 혼자 잘 살아남을 수 있을지 확신은 없지만 적어도 '힐러리만의 리그'를 즐길 준비는 된 것 같았다. 그리고 그 기회가 눈앞에 놓여 있었다.

> **이제는 그녀 자신이 직접 들어갈 때가 되었다는 생각이 들었다. 혼자 잘 살아남을 수 있을지 확신은 없지만 적어도 '힐러리만의 리그'를 즐길 준비는 된 것 같았다. 그리고 그 기회가 눈앞에 놓여 있었다.**

마침내 투표 용지에 인쇄된 이름

힐러리는 살아오면서 내린 결정 가운데 가장 힘들었던 것이 남편과 결혼 생활을 유지하기로 한 것, 그리고 뉴욕 주 상원의원에 출마하기로 한 것이라고 말한 적 있다. 그 두 가지 결정이 모두 옳은 선택이었음을 그녀는 행동으로 보여주었다.

퍼스트레이디와 상원의원 후보로서 동시에 산다는 것은 힐러리에게도 각각의 참모진들에게도 결코 쉽지 않은 일이었다. 그녀는 우선 목표를 넓고 멀리 잡았다. 뉴욕 주의 62개 카운티 모두를 방문하는 직접 유세를 하기로 한 것이다.

약 1년에 걸친 선거 레이스는 오히려 힐러리에게 에너지원이 되었다. 뉴욕이 주가 되기 전부터 살고 있던 이러쿼이족 원주민부터 미국 최대 도시의 시민인 뉴요커까지, 수많은 사람들을 만났고 그들의 각기 다른 상황과 입장을 보고 들었다.

그러한 과정은 힐러리에게 마치 '정치 속성 과외'와도 같았다. 발붙일 곳 없던 뉴욕의 정치판에서 그녀가 중도 하차하지 않을 수 있었던 데는 점점 그들과 연결되고 있다는 느낌이 크게 작용했다.

힐러리는 유권자들과의 거리를 줄이기 위해 '데이비드 레터맨 쇼', '투나잇 쇼' 등 유명 토크쇼에도 출연해 자진해서 괴롭힘의 대상이 되어 주었다. 심지어 '데이비드 레터맨 쇼' 출연 몇 달 후에는 한 기자단 만찬에서 뉴욕 출신이 아닌 자신의 정치적 처지를 풍자한 '뜨내기'를 자진해서 연기하기도 했다.

그러던 어느 날 생각지도 못한 행운의 여신이 힐러리에게 찾아 들었다. 상대 후보인 줄리아니가 전립선암 진단을 받은 데다 오랫동안 불륜을 저지른 사실이 들통 나면서 후보에서 사퇴한 것이다.

그는 과거 빌 클린턴이 그랬던 것처럼 언론에 의해 사생활이 낱낱이 까발려졌다. 남편의 전처를 밟는 듯한 줄리아니를 보며 힐러리는 약간의 동병상련을 느꼈지만 그의 처지를 동정하고 있을 시간이 없었다. 줄리아니를 타깃으로 세웠던 선거 전략을 새로운 후보인 릭 라지오 하원의원에 맞춰 전면 수정해야 했다. 승기의 가닥을 잡아가던 힐러리로서는 줄리아니의 사퇴가 결코 반가운 일만은 아니었다.

힐러리에 맞선 라지오의 전략은 간단명료하지만 상당히 공격적이었다. 라지오 진영의 슬로건은 '저는 힐러리 클린턴과 대적하고 있습니다(I am running against Hillary Clinton)'였으며 그는 슬로건만을 적은 선거자금 모금 편지를 발송했다.

처음에는 힐러리에 대한 악감정을 이용한 라지오의 전략이 먹히는 듯했다. 그는 유권자들을 자극하기 위해 광고 캠페인에서 힐러리가 기득권의 반대에 부딪쳐 결국 실패하고만 의료개혁 이슈를 들먹이기도 했다.

하지만 그 캠페인은 생각처럼 효과적이지 못했다. 힐러리가 발로 뛰며 만난 뉴욕 주민들은 대체로 의료개혁을 위해 애썼던 그녀의 노력을 인정하는 분위기였다. 그녀는 계속 치솟기만 하는 의료비 문제를 해결할 대안을 다시 찾았다. 뉴욕 주민을 위한 정책 대신 상대를 공격하기 위한 이슈 만들기에 급급한 라지오와 차별화된 모습을 보였다.

힐러리는 '비방도 그 정도면 충분하다'는 메시지를 전하면서도 유권자들의 마음을 사로잡을 진취적인 이슈를 들고 나왔다. 그녀는 연설 때마다 외쳤다. "일자리, 교육, 건강, 사회보장, 환경, 선택. 이 일곱 마디는 어떻습니까?"

선거가 막바지에 이르자 라지오는 흑색선전까지 퍼부었다. 10월 12일 미국 해군 함정 콜 호가 예맨에서 테러리스트들의 공격을 받았는데, 그 배후에는 오사마 빈 라덴이 이끄는 알 카에다가 있었다. 그런데 라지오 측은 그 테러 사건에 힐러리가 어떤 식으로든 연관되어 있다고 주장하기 시작했다.

그들은 선거를 약 2주 앞둔 시점부터 힐러리가 테러리스트 지원 단체로부터 기부금을 받았다는 거짓 정보를 유포했다. 심지어 수십만 명의 뉴욕 주민에게 전화를 통한 비방 메시지를 전했다. 라지오 측이 유권자들에게 남긴 자동 발송 메시지는 힐러리에게 전화를 걸어 "테러리즘에 대한 지원을 당장 그만두라"고 말하라는 것이었다.

힐러리는 말도 안 되는 라지오의 모략에 적극적으로 대응했다. 전 뉴욕 시장이었던 에드 코크(Ed Koch)가 그녀의 편에 섰다. 그는 텔레비전 광고에 출연해 "릭, 그런 천박한 짓은 그만

하시게"라며 라지오를 훈계했다.

그 사건 이후 전세는 힐러리 쪽으로 기우는 것 같았다. 하지만 그녀는 마지막 순간까지 긴장의 고삐를 늦추지 않았다. 선거 당일인 11월 7일 자정이 넘는 시각까지도 유권자들을 만나 자신의 정책을 알리고 신념을 호소했다.

마침내 결전의 날 아침 해가 밝아왔다. 힐러리는 남편, 딸과 함께 자신의 선거구 더글라스그래플린 초등학교의 투표소를 찾았다. 투표용지를 받아든 순간 그녀는 가슴이 뭉클하고 뿌듯했다. 하얀 종이 위에 적힌 이름은 '빌 클린턴'이 아니라 바로 '힐러리 클린턴'이었다.

절반의 성공에 그친 첫 정치 활동

2000년 11월 뉴욕 주 상원의원에 당선되어 2001년부터 6년의 임기를 성공적으로 마친 힐러리는 2005년 선거에서 재선에 성공하며 2006년부터 다시 한 번 뉴욕 주를 대표하는 국회의원이 되었다. 그 6년 동안 힐러리의 정치적 입지는 더욱 굳건해졌다.

소통의 리더십과 위기 대처 능력, 핵심을 꿰뚫는 연설, 객관적이고 치밀한 성격은 어느덧 힐러리를 빌 클린턴을 초월한 민주당 대통령 후보로까지 올려놓았다. 2008년 버락 오바마(Barack Obama)와의 대통령 후보 경선에서는 비록 석패했지만 그 이듬해인 2009년 미국 국무부 장관에 임명되었다. 미국에서 가장 중요한 주인 뉴욕 주 상원의원을 넘어 세계에서 가장 중요한 나라인 미국의 대외정책을 주관하는 국무장관 자리에 오른 것이다.

이후 전 세계 100개가 넘는 나라들을 순방하며 힐러리는 '미국 역사상 가장 많은 해외 순방을 한 국무장관'이라는 새로운 기록을 써 내려가고 있다. 한 남자의 부인에서 대통령의 퍼스트레이디로, 그리고 뉴욕 주민의 대변자를 거쳐 이제 국가의 대표자로 자리매김했다.

버락 오바마의 재선 행보에서는 러닝메이트로서 대선 레이스를 함께 하며 끊임없이 '미국 최초의 여성 대통령 감'으로 지목되었다. 타임과 포브스 등 전 세계 언론은 이제 '여성'이라는 수식어를 떼고서도 그녀를 '가장 영향력 있는 인물' 리스트에 이름을 올리고 있다.

그뿐 아니다. '힐러리학'이라는 말이 생겨날 만큼 그녀의 삶과 정치적 여정을 연구하는 사람들이 많이 생겨났다. 이러한 힐러리의 영향력은 하루아침에 만들어진 것이 아니다. 그녀의 자서전 제목인 '살아있는 역사'가 암시하듯 삶 자체가 격변의 미국사를 담고 있다 해도 과언이 아니다.

힐러리가 세상에 나온 것은 세계 제2차 대전이 끝난 지 얼마 되지 않은 1947년 10월 26일 미국 서부 일리노이 주의 시카고에서였다. 2차 대전 당시 해군 하사관이었던 아버지 휴 로댐(Hugh E. Rodham)은 작은 직물 회사를 운영하고 있었고 어머니도로시 하월 로댐(Dorothy Howell Rodham)은 전업주부였다.

힐러리가 태어난 때 미국 사회는 베이비붐이 시작되고 있었으며, 국민들은 미국의 패권과 무한한 가능성에 대한 기대감으로 부풀어 있었다. 하지만 동시에 냉전 시대의 서막을 알리는 중앙정보국(CIA)이 창설되는 등 불안정한 시기이기도 했다.

세 살 되던 해 힐러리의 부모는 그녀와 갓 태어난 남동생 휴이(Hughie)를 데리고 시카고 교외의 백인 중산층 거주지인 파크리지로 이사했다. 그곳에서 힐러리의 막내 남동생 토니(Tony)가 태어났다.

힐러리의 아버지는 상당히 보수적이고 완고한 성격의 소유자였다. 하지만 온화한 성품에 지성을 가진 분별 있는 어머니 덕분에 힐러리는 가부장적인 아버지 밑에서도 사랑을 받으며 자랐다. 1975년 빌 클린턴과의 결혼 후 신혼여행을 갈 때 부모와 두 남동생을 모두 데려갈 정도로 그녀는 친밀하고 끈끈한 가족애를 자랑한다.

힐러리는 어린 시절부터 눈에 띄게 당차고 똑똑한 아이였다. 그녀의 부모는 두 아들뿐 아니라 딸인 힐러리도 독립적인 아이로 키우고자 했다. 그 덕분에 고작 초등학생 때부터 그녀는 걸스카우트 단원으로서 독립기념일 행진, 식량 기증 운동 등 여러 활동에 참여했다.

또 이웃 친구들을 모아 자선기금 마련을 위한 게임이나 스포츠 행사를 집 뒷마당에서 개최하곤 했다. 열두 살 때에는 그렇게 모은 자선기금을 복지 단체인 '유나이티드웨이(United Way)'에 기부하는 사진이 지역 신문에 실린 적도 있었다.

그녀는 정치에도 일찍부터 관심을 가졌다. 1960년 중학교 2학년 때, 공화당의 골수 지지자였던 힐러리의 아버지를 경악시킨 사건이 발생했다. 바로 민주당의 존 F. 케네디가 리처드 닉슨 당시 부통령을 제치고 대통령에 당선된 것이다.

힐러리의 사회 교사 역시 공화당 지지자였는데 그녀는 선거 이튿날 학생들에게 멍든 부위를 보여주며 선거일 민주당 투표 참관인들의 활동에 이의를 제기했다가 맞은 상처라고 말했다. 그 사실을 아버지에게 이야기하자 그는 당시 선거의 집계 방식에 부정이 있어 케네디가 이긴 것이라고 분개했다.

그 며칠 후 단짝인 벳시 존슨(Betsey Johnson)으로부터 힐러리는 민주당의 부정 투표를 밝혀내기 위해 공화당에서 선거인 명부와 주소를 대조하는 작업을 할 자원봉사자를 모집한다는 소식을 들었다. 둘은 반대할 것이 뻔하다며 부모에게 허락도 받지 않고 자원봉사에 참여하기 위해 시내로 가는 버스에 올랐다.

둘은 각자 다른 팀에 소속되어 명단 대조 작업을 위해 생전 처음 가보는 동네를 방문했다. 힐러리는 사우스사이드의 가난한 마을에 배정받았는데 집집마다 문을 두드리며 거주자의 이름을 묻고 선거인 명부와 대조하는 일을 했다. 아직 어린 소녀가 그런 일을 하고 다니니 어른들은 기가 막혀 했다. 더러는 자다 일어나 화를 내며 쫓아내는 사람도 있었다.

야멸찬 냉대에도 용감하게 임무를 수행하던 힐러리는 결국 어느 공터가 선거인 명부에 대여섯 명의 주소지로 허위 등록된 사실을 밝혀냈다. 할당된 분량을 마치고 집으로 돌아오면서 그녀는 아버지의 믿음을 입증할 증거를 찾았다는 사실에 마음이 두근거렸다.

그러나 아버지의 반응은 예상 밖이었다. 그는 아이들끼리 차를 타고 시내에 나가 낯선 동네를 헤매고 다녔다는 사실에 불같이 화를 냈다. 그리고 케네디는 우리가 좋아하든 말든 대통령이 될 거라고 말했다. 결국 그렇게 그녀의 첫 번째 정치 참여는 '절반의 성공'으로 끝나고 말았다.

힐러리는 사우스사이드의 가난한 마을에 배정받았는데 집집마다 문을 두드리며 거주자의 이름을 묻고 선거인 명부와 대조하는 일을 했다. 아직 어린 소녀가 그런 일을 하고 다니니 어른들은 기가 막혀 했다.

달콤한 정치적 환상을 꿈꾸다

고등학생이 된 힐러리는 더욱 활발하게 교내 활동에 참가했다. 학급 임원은 물론이고 교지편집부, 문화가치위원회, 졸업파티위원회 등 졸업 앨범에 등장하는 거의 대부분의 특별활동에 이름을 올렸다.

머리가 아주 우수한 학생은 아니었지만 자신의 부족함을 메우기 위해 열심히 공부한 덕분에 학급 성적은 늘 상위권이었다. 그래서 '잇츠 아카데믹(It's Academic)'이라는 지역 방송국의 퀴즈쇼에 학교 대표로 출연하기도 했다. 또 미국 최대 규모의 장학 제도인 '내셔널메리트장학금(National Merit Scholarship) 최종 후보 11명에도 선발되는 영예를 누리기도 했다.

고등학교 2학년 때는 학급 부회장에 선출되었다. 3학년이 되어서는 학생회장에 입후보했다. 그러나 힐러리는 상대 남학생에게 완패하고 말았다. 쓰디쓴 패배를 맛본 그녀는 교회 목사에게 편지를 써서 심정을 토로했다. "후보 중 한 명이 '여자가 회장이 될 수 있다고 나서다니…'라고 말했을 때는 정말 상처 받았어요."

힐러리는 친구들과 토론하는 것을 좋아해서 야구 경기부터 세계 평화까지, 안건이 될 만한 것은 무엇이든 이야기했다. 정치에도 관심이 많았다. 공화당 청년회에 들어가 당시 상원의원이었던 배리 골드워터(Barry Goldwater) 대통령 후보의 선거운동원으로 활동하기도 했다.

그녀가 골드워터를 좋아한 이유는 그가 개인의 권리를 중시하는 정치인이었기 때문이다. 그의 정치사상은 보수주의의 토대 위에 있었지만 동성애자와 유색인종에 대해서도 자유 시민의 권리를 주창할 만큼 혁신적인 사상을 갖고 있었다. 골드워터의 그러한 개인주의는 힐러리에게 부모가 늘 이야기하던 "개인이 되어라"라는 말과 일맥상통하는 듯했다.

고등학교 졸업 후 힐러리는 미국 동부의 7대 명문 여자대학 가운데 하나인 웰즐리여대에 진학했다. 대학을 가기 위해 고향을 떠난다는 생각을 해본 적은 없었지만, 웰즐리 출신 교사의 권유를 받아들여 그곳에 입학하기로 결정했다. 그녀의 부모 역시 걱정은 하면서도 딸의 결정을 존중해 주었다.

웰즐리는 서부 시카고에서 1,500km나 떨어진 동부 매사추세츠 주의 보스턴 근교 지역이었다. 그 먼 곳까지 딸을 데려다 주고 부모님이 떠나자 힐러리는 갑작스레 외로움이 밀려왔다. 그곳의 학생들은 자신과 너무 동떨어져 보였다. 중·고등학교를 사립 기숙학교로 다니거나 외국에서 살다온 아이들, 유창한 외국어와 높은 학력평가 점수로 1학년 과정을 월반한 아이들도 있었다.

의사나 과학자가 되겠다던 꿈도 점점 멀어져가는 것 같았다. 수강 신청을 잘못 해서 가장 어려운 과목을 듣게 되어 매일 수업을 따라가는 것도 힘겨웠다. 프랑스어 교수는 대놓고 힐러리의 우둔함을 지적하기도 했다.

입학 한 달 만에 힐러리는 집에 전화를 걸어 하소연했다. 아무래도 자신은 웰즐리에 다닐 만큼 똑똑하지 않다고. 아버지는 당장 돌아오라고 했지만 어머니는 그녀에게 간단히 체념하는 겁쟁이가 되지 말라고 조언했다.

힐러리는 점차 웰즐리에 적응해갔다. 특히 여성도 기회만 주어지면 놀라운 일을 할 수 있다고 믿는 학교의 분위기가 마음에 들었다. '남의 도움을 받는 사람이 되지 말고 남을 돕는 사람이 되어라'는 웰즐리의 교훈은 그녀의 독립적인 성향과도 잘 맞았다. 어릴 적부터 감리교회에서 들어온 가르침과도 일치했다.

게다가 여대라는 점도 점점 매력적으로 다가왔다. 남학생에게 학생 활동의 요직을 빼앗기지 않기 위해 '투쟁'할 일은 더 이상 없었다. 강의실에 갈 때 외모를 신경 쓸 필요도 없어 그 시간을 학업이나 과외 활동에 투자할 수 있었다.

그런 웰즐리에도 변화는 찾아왔다. 힐러리는 1학년 때 공화청년회의 회장으로 선출되었는데, 학교 밖에서는 이미 공화당의 민권과 베트남 정책에 대한 회의적 목소리가 커지고 있었다. 그녀 역시 '모티브'와 '뉴욕타임스' 등의 언론을 통해 아버지와 중·고등학교 교사의 정치적 견해 아래 갇혀있던 편협함을 깨고 자신만의 정치관을 찾게 되었다. 더 이상 공화당을 따를 수 없음을 발견한 것이다.

그녀는 우선 맡고 있던 공화청년회 회장직을 친구인 벳시에게 물려주었다. 대학 3학년이 되어서는 공화당의 골드워터 대신 미네소타 출신의 진보 좌파 성향 민주당 상원의원 유진 매카시(Eugene McCarthy)를 지지하기 시작했다.

매카시는 민주당 대통령 예비 경선에서 당시 대통령이었던

앤드류 존슨(Andrew Johnson)과 맞붙고 있었다. 그는 존슨이 전쟁을 지지하는 것과 달리 반전을 내세웠는데, 힐러리는 매카시의 반전운동에 학생 자원봉사자로 활발히 참여했다.

대학 3학년 끝 무렵인 1968년 3월에는 뉴욕 출신 상원의원이자 존 F. 케네디(John F. Kennedy) 전 미국 대통령의 동생인 로버트 케네디(Robert Kennedy)가 민주당 대선 후보 경선에 뛰어들며 본격적인 삼파전 구도가 형성되었다.

그런데 그 얼마 후인 4월 4일 전 세계를 충격에 빠뜨린 비보가 전해졌다. 노벨 평화상을 수상하기도 한 마틴 루터 킹(Martin Luther King) 목사가 암살된 것이다. 두 달 뒤에도 또 하나의 충격적 죽음이 찾아왔다. 로버트 케네디 상원의원이 형 케네디 대통령의 뒤를 이어 암살로 세상을 떠난 것이다.

일련의 믿지 못할 사건들을 겪으며 힐러리 역시 다른 미국의 젊은이들과 마찬가지로 정신적인 혼란에 빠졌다. 하지만 그녀에게는 어지러운 마음을 추스릴 시간도 허락되지 않았다. 워싱턴 D.C.에서 진행되는 웰즐리 여름철 연수 프로그램에 참가해야 했기 때문이다.

참가 학생들은 두 달 동안 정부 기관이나 국회 사무실에서 인턴으로 근무할 수 있는 기회를 얻었다. 그런데 어이없게도 힐러리는 담당교수의 강요에 의해 민주당이 아닌 공화당 하원 협의회에 배치되었다.

힐러리는 인턴 기간 동안 그 이듬해 리처드 닉슨(Richard

Nixon)대통령 정부의 국방장관이 된 공화당의 멜빈 레어드(Melvin Laird) 하원의원과 토론을 벌일 기회가 있었다. 베트남 전쟁 참전에 대해 열띤 공방을 주고받았는데, 그녀는 한낱 인턴인 젊은이들의 반론을 경청하고 자신의 주장을 설명하는 그의 태도에서 감흥을 받았다.

인턴이 끝나기 직전에는 플로리다의 마이애미에서 열린 공화당 전당대회에 참석하는 행운이 주어졌다. 태어나서 처음으로 본 대규모 정치 행사는 당을 막론하고 힐러리의 마음을 사로잡기 충분했다. 고급 호텔에서의 숙박부터 마이애미비치의 환상적인 풍경, 수많은 유명인들과의 조우에 이르기까지 그녀는 혼이 쏙 빠질 지경이었다.

'나'를 찾기 위한 시대적 '항의'

인턴을 마치고 돌아온 힐러리는 4학년에 진학했다. 웰즐리에서의 몇 년 동안 그녀는 정신적으로 많이 성숙해졌다. 이제 그녀의 정치적 신념은 어느 정도 방향을 찾아가고 있었다.

힐러리는 웰즐리 졸업 후 법대에 가기로 마음먹었다. 하버드대와 예일대에서 동시에 입학 허가를 받았지만 최종적으로는 예일대로 결정했다. 이제 남은 것은 졸업식뿐이었다. 그런데 그 졸업식이 또 문제였다.

웰즐리에서는 학생이 졸업 연설을 한 적이 한 번도 없었다.

하지만 힐러리의 동급생인 엘리너 애치슨(Eleanor Acheson)이 학생 대표의 연설을 주장하고 나섰다. 그녀는 해리 트루먼(Harry Truman) 대통령 시절 국무장관을 지낸 딘 애치슨(Dean Acheson)의 손녀였다.

애치슨의 의견에는 힐러리도 동의했다. 하지만 웰즐리여대의 학장인 루스 애덤스(Ruth Adams)는 학생 대표 연설을 허락하지 않았다. 힐러리는 애덤스를 찾아가 반대 이유를 물었다. 전례가 없다는 것이 그 이유였다.

애덤스는 학생 대표로 누가 연설을 할지에 대해서도 들은 바 없다고 지적했다. 힐러리가 자신이 부탁을 받았다고 하자 애덤스는 "생각해 보겠다"고 대답했고, 나중에는 결국 학생 대표의 졸업 연설을 허락했다.

힐러리는 웰즐리여대의 대표로서 무슨 말을 해야 할지 고민하느라 답답함에 구역질이 날 정도였다. 결국 그녀는 졸업식 전날 밤이 되어서야 친구들이 써온 글을 짜깁기 해서 연설문 작성을 마칠 수 있었다.

1969년 3월 31일, 화창한 봄 날씨 가운데 드디어 웰즐리여대의 졸업식이 시작되었다. 힐러리의 어머니는 병 때문에 참석하지 못했다. 처음에는 혼자 오지 않겠다던 아버지는 그녀가 학생 대표로 졸업 연설을 한다는 이야기에 무리를 해서 참석했다. 힐러리는 그것만으로도 부모 모두에게 감사했다.

졸업 축하 공식 연설을 맡은 이는 공화당의 에드워드 브룩

(Edward Brooke) 매사추세츠 주 상원의원이었다. 하지만 그의 연설에서는 힐러리를 비롯한 학생들이 듣고 싶은 말은 끝까지 나오지 않았다. 1960년대의 격변을 겪기 이전 웰즐리에나 어울릴 법한 뻔하고 고루한 연설이었다.

그와는 반대로 힐러리의 연설은 400여 명 졸업생의 지난 4년이 고스란히 담겨 있었다. 그녀는 당대를 살았던 젊은이들이 취할 수밖에 없었던 비판과 건설적인 항의를 옹호하는 것으로 연설을 시작했다. 웰즐리여대의 정책에서부터 민권과 여성의 권리, 베트남 전쟁에 대한 문제까지 짚어갔다. 그리고 그 '항의'를 '특별한 시대에 정체성을 확립하려는 시도'인 동시에 '인간다움과의 화해 방법'이라고 설명했다.

힐러리는 사람들 사이의 신뢰 회복에 대해서도 언급했다. 졸업식 예행 연습에서 학생들에게 질문을 던졌을 때 그들이 가장 말해주길 원한 것이 바로 신뢰와 상호존중의 정신이었다.

마지막으로 힐러리는 전날 한 친구의 어머니가 한 이야기를 들려 주었다. 그녀는 무엇을 준다 해도 결코 힐러리처럼 되고 싶지는 않다고 말했다. 이 시대를 살면서 앞에 뭐가 있을지 내다보고 싶지 않다고, 그것은 너무 두려운 일이라고 말했다.

힐러리는 그에 대해 반박했다. "두려움은 늘 우리와 함께 있지만 우리는 두려워할 시간이 없습니다. 적어도 지금은 안 됩니다."

당시로서는 상당히 파격적이었던 졸업 연설에 대해 여론은 둘로 갈렸다. 그녀와 동시대를 살아온 학생들이나 지나치게 과장하는 쪽에서는 "힐러리는 한 세대를 대변했다"며 치켜세웠다. 반면 "별 것 아닌데 혼자 대단한 줄 안다"며 비난을 퍼붓는 이들도 많았다.

사람들의 엇갈린 평가를 뒤로 한 채 힐러리는 1969년 가을 예일 법대에 입학하기 전까지 알래스카의 연어 처리 공장으로 아르바이트를 떠났다. 서툰 손길 탓에 몸은 힘들었지만 마음의 평안을 유지하는 데에는 도움이 되었다.

2003년 펴낸 자서전에서 힐러리는 웰즐리 시절에 대해 이렇게 회고한다. "나는 아버지의 정치적 신념과 어머니의 꿈을 짊어지고 웰즐리에 도착했지만, 나 자신의 정치적 신념과 꿈을 안고 그곳을 떠났다."

> "나는 아버지의 정치적 신념과 어머니의 꿈을 짊어지고 웰즐리에 도착했지만, 나 자신의 정치적 신념과 꿈을 안고 그곳을 떠났다."

아동 권익 옹호에 눈 뜨다

예일 법대에 들어간 힐러리는 전보다 적극적으로 '항의'에 참여했다. 입학 두 달 후인 5월 7일, 그녀는 워싱턴에서 열린 여성유권자연맹 창립 15주년 기념 연회에 연설자로 초빙됐다. 웰즐리 졸업 연설이 유명세를 탄 덕분이었다.

힐러리는 그 사흘 전 오하이오 주 켄트 주립대에서 벌어진 총격 사건 희생자들을 먼저 애도했다. 베트남 전쟁 확대와 흑인 해방 운동 조직인 흑표범당 박해 등 닉슨 정부의 정책에 반대하는 시위를 진압하던 방위군이 학생들에게 총격을 가해 4명이 목숨을 잃은 사건이었다.

힐러리는 항의 시위의 배경과 켄트 주립대 총격 사건이 예일 법대생들에게 준 충격을 설명했다. 실제로 예일 법대는 베트남 전쟁의 확대에 반대하는 전국 법대의 동맹 휴학에 대해 투표를 실시, 압도적인 표차로 가결시킨 바 있었다.

그 행사에서 힐러리는 아동 권익 보호 변호사인 매리언 라이트 에들먼(Marian Wright Edelman)을 만났다. 예일 법대 선배인 그녀는 미시시피 주 최초의 흑인 여성 변호사였다. 그녀는 힐러리가 아동의 권익 보호에 관심을 갖도록 만들어준 멘토와 같은 인물이다.

에들먼은 당시 빈곤 추방 운동 단체를 조직할 계획이었는데 힐러리는 그녀와 함께 일하고 싶었다. 그러나 힐러리는 장학금과 대출금만으로는 부족한 학비를 충당해야 했지만 에들먼에게는 보수를 줄 만한 여유가 없었다.

결국 힐러리는 법학도를 위한 민권연구위원회에 보조금을 신청해 1970년 여름 에들먼의 '워싱턴 조사 프로젝트' 활동비로 사용했다. 그 프로젝트는 떠돌이 농업 노동자들의 생활 및 노동

조건을 조사하기 위한 청문회와 관련된 것이었다. 청문회를 주재한 것은 훗날 지미 카터(Jimmy Carter) 대통령 정부에서 부통령을 지낸 월터 먼데일(Walter Mondale) 미네소타 주 상원의원이었다.

에들먼은 힐러리에게 농업 노동자 자녀들의 교육과 건강을 조사하는 업무를 맡겼다. 그녀는 초·중학교 때 그런 노동자 자녀들을 만나본 적이 있었다. 교회 봉사활동에서 만난 마리아라는 이름의 일곱 살 소녀도 그 중 하나였다.

당시 마리아는 추수철이 끝난 후 가족과 고국으로 돌아가 첫 영성체를 받을 계획이었다. 그런데 부모가 영성체 때 입을 하얀 드레스 살 돈을 모으지 못해 의례를 치르지 못할 형편임을 알게 되었다. 힐러리가 어머니에게 사연을 이야기하자 어머니는 드레스를 대신 사서 마리아에게 선물해 주었다.

그때 마리아의 어머니는 눈물을 흘리며 무릎을 꿇고 힐러리 어머니의 손에 입을 맞추었다. 사실 힐러리의 어머니 역시 농촌에서 불우하고 가난한 어린 시절을 보냈기 때문에 마리아 가족의 처지를 십분 이해하고 있었다.

그러한 어린 시절 배경이 있던 힐러리에게 그 일은 분명 적임이었다. 그녀는 조사를 진행하면서 농업 노동자들과 자녀들이 제대로 된 거처조차 제공받지 못하고 비위생적인 환경에 노출되어 있음을 알고 상당히 놀랐다. 1962년 전국농업노동자연맹이 창설된 캘리포니아 주의 농장을 제외한 다른 지역은 10년 전과 다름없이 그들에게 형편없는 대우를 하고 있었다.

그 해 가을 청문회를 끝내고 예일 법대로 돌아왔을 때 힐러리는 법률이 아동에게 미치는 영향을 연구하기로 결심했다. 가족법의 한계 때문에, 또는 종교적인 이유 때문에 법의 사각지대에 놓여 있는 아이들을 위한 연구가 필요했다.

힐러리는 예일 아동연구소에서 1년 동안 연구 과정을 밟는 기회를 얻었다. 연구소장인 앨 솔닛(Al Solnit) 박사는 법대의 조 골드스타인(Joseph Goldstein) 교수, 정신분석학자 지그문트 프로이트(Sigmund Freud)의 딸인 안나 프로이트(Anna Freud)와 함께 '아동의 권익을 넘어서'라는 책을 쓰고 있었는데 힐러리는 그 연구의 보조로서 자료 조사를 맡게 되었다. 그 연구의 일환으로 힐러리는 예일 뉴헤이번 병원 환자 가운데 학대가 의심되는 아동이 있을 경우 병원 측이 나설 수 있는 법적 소송에 대한 청사진 마련 작업도 도왔다.

법학도로서 특히 아동의 권익을 위한 일에 관심을 갖고 연구를 지속하던 힐러리는 1974년 '법의 보호를 받는 아이들'이라는 첫 학술 논문을 '하버드 교육 평론'에 발표했다. 논문의 내용은 부모나 가족의 아동 학대 및 방치 시 법관과 사회가 직면하는 어려운 결정에 대한 것이었는데, 그 근거가 된 자료가 바로 법률구조단에서의 자원봉사 활동과 예일 뉴헤이번 병원에서의 조사 경험들이었다.

힐러리와 빌 클린턴의 결혼식

인생의 동반자, 정치의 동역자

힐러리는 인생에서 새로운 방향타를 설정하게 된 중요한 사건뿐 아니라 중요한 인물 역시 예일 법대에서 만났다. 바로 남편인 빌 클린턴이다. 1970년 가을 워싱턴 청문회를 마치고 돌아온 얼마 후였다.

힐러리의 표현을 빌자면 당시의 빌 클린턴은 "그냥 지나치기 힘든 인물"이었다. 2년 동안 옥스퍼드에서 유학한 로즈 장학생이었지만 빌의 겉모습은 흡사 바이킹 같았다. 얼굴 전체를 덮은 적갈색 턱수염에 머리는 사자 갈기처럼 산발이었다. 게다가 고향인 아칸소에 대해 이야기하느라 주위의 시선 따위 아랑곳 않는 모습이었다.

힐러리가 빌과 제대로 만난 것은 1971년 어느 봄날 저녁이었다. 그녀는 예일 법대 도서관에서 공부를 하고 있었고 빌은 복도에서 '예일 법대 저널'의 원고 청탁을 받고 있었다.

하지만 빌은 대화 상대방보다 힐러리를 힐끗거리는 데 더 정신이 팔려 있었다. 그 행동이 너무 노골적이어서 그녀는 자리에서 일어나 빌에게 다가갔다. 그리고 말했다. "네가 계속 나를 그렇게 쳐다보겠다면 나도 그렇게 할 거야. 어쨌든 우리는 통성명을 하는 게 좋겠다. 나는 힐러리 로댐이야." 빌은 그 때 너무 놀라서 자기 이름도 말하지 못했다.

'참정권과 시민권' 강의 종강일에 둘은 다시 대화를 나누게 되었다. 우연히 동시에 강의실을 나섰는데 이번에는 빌이 용기를 내어 힐러리에게 다가왔다. 힐러리가 다음 학기 수강 신청을 위해 교무과로 간다고 하자 빌은 마침 자기도 같은 용무라며 걸음을 옮겼다.

나란히 걷는 동안 빌은 힐러리가 입고 있는 꽃무늬 스커트를 칭찬했다. 그녀가 어머니가 만들어 준 것이라고 하자 그는 가족과 고향에 대해서도 물었다. 교무과에 도착해 수강 신청을 기다리며 이런 저런 이야기를 좀 더 나누는 사이 마침내 그들의 차례가 되었다.

그런데 교무과 직원이 빌을 쳐다보며 "벌써 수강 신청 끝내놓고 왜 또 왔느냐"고 물었다. 그제야 그는 힐러리와 시간을 보내고 싶어서라고 털어놓았다. 그녀는 그런 그의 모습에 호감을 느꼈고 수강 신청을 한 후에는 함께 교정을 거닐었다.

둘은 학내에서 열리는 마크 로스코의 추상미술 전시를 보고 싶었는데 노동 쟁의 때문에 예일 미술관은 폐쇄되어 있었다. 덕분에 힐러리는 그 첫 데이트에서 빌의 교섭 능력을 보았다. 그는 미술관 앞마당에 널려 있는 쓰레기들을 보고는 담당자에게 미술관으로 들여보내 주는 대신 그 쓰레기를 깨끗이 줍겠다고 설득했다.

빌의 제안이 먹혀 둘은 미술관 전체를 돌아다니며 관람을 즐겼다. 힐러리가 또 한 번 놀란 것은 빌이 예상 외로 해박한 미술 지식을 갖고 있다는 점이었다. 아칸소에서 온 바이킹 같았던 첫인상과는 딴판인 모습이었다.

그러나 당시 힐러리에게는 이미 남자친구가 있었다. 주말에 그녀는 남자친구와 시외에서 보낼 계획이었다. 하지만 심한 감기에 걸려 기숙사로 일찍 돌아와야 했다. 때마침 전화를 걸어온 빌이 그녀의 기침 소리를 들었는데, 그로부터 30분쯤 지나 그가 힐러리의 방문을 노크했다. 문을 열고 들어온 빌의 손에는 닭고기 수프와 오렌지 주스가 들려 있었다.

그 날 힐러리와 빌은 정치부터 음악까지 다양한 관심사에 대해 이야기를 나누었다. 그런 그가 며칠 전 종강 파티에서는 거의 한 마디도 하지 않았던 걸 힐러리가 의아해하자 빌은 "너와 네 친구들을 더 잘 알고 싶어서"라고 대답했다. 이후 두 사람의 사이는 급진전했다.

한편 아동 보호와 관련된 일을 하고는 싶지만 아직 정확한 진로는 정하지 못한 힐러리와는 달리 빌은 아칸소로 돌아가 공직에 종사할 것이라는 분명한 목표가 있었다. 그럼에도 불구하고 빌은 힐러리가 캘리포니아 주 오클랜드의 작은 법률 회사에서 인턴으로 일하게 되었다고 하자 미리 계약되어 있던 조지 맥거번(George McGovern) 상원의원의 대선 운동도 포기하고 따라가고 싶다고 했다.

힐러리가 놀람 반 설렘 반으로 왜 좋은 기회를 포기하느냐고 묻자 이번에도 빌은 간단하고 명쾌하게 대답했다. "사랑하는 사람을 위해서. 그게 이유야." 그는 이미 힐러리가 자신의 천생연분이라 판단했고 그녀를 놓치고 싶지 않았던 것이다.

그 일을 계기로 둘은 그해 여름 캘리포니아의 작은 아파트에서 함께 살기 시작했다. 서로의 사랑을 확인한 그들은 가을 예일 법대로 돌아와서도 다시 함께 살 집을 얻었다.

그 와중에 빌은 정치에 발을 들여놓았다. 뉴헤이번에 맥거번 대통령 후보를 돕기 위해 맥거번을 지지하지 않고 있던 민주당 지부장 아서 바비어리(Aarthur Barbieri)의 포섭에 나섰다.

빌은 바비어리에게 예일대 학생과 교수 등 정규 민주당 조직과 맞먹는 800여 명의 자원봉사자가 맥거번을 지지한다고 주장했다. 그들은 언제든 거리로 나가 선거운동을 시작할 준비가 되어 있다는 것이다. 빌의 설득은 이번에도 효력을 발휘했고 바비어리는 맥거번 지지를 결정했다. 1972년 대통령 선거에서 뉴헤이븐은 맥거번이 닉슨을 이긴 몇 곳 가운데 하나였다.

힐러리는 약관의 나이부터 놀라운 협상력과 정치 리더십을 보여준 빌 클린턴과 1975년 결혼식을 올렸다. 결혼 이듬해인 1976년 빌은 아칸소 주의 법무장관으로 선출되었다. 이어 1978년에는 32세의 젊은 나이에 아칸소 주 주지사에 당선돼 미국 최연소 주지사가 되었다. 이후 1980년 공화당 후보에게 한 차례 패한 것을 제외하고 빌은 1992년 미국 제42대 대통령에 당선될 때까지 아칸소 주지사를 연임했다.

"네가 계속 나를 그렇게 쳐다보겠다면 나도 그렇게 할 거야. 어쨌든 우리는 통성명을 하는 게 좋겠다. 나는 힐러리 로댐이야."
빌은 그 때 너무 놀라서 자기 이름도 말하지 못했다.

'여성'을 벗고 '인간'을 입다

빌 클린턴이 아칸소 주지사를 거쳐 미국 대통령이 되기까지 힐러리의 내조가 엄청난 힘이 되었다는 사실을 부정하는 이는 없을 것이다. 사실 예일 법대를 졸업한 직후 힐러리는 수많은 법률사무소들의 러브콜을 거절했다. 이번에는 힐러리가 빌을 따라 그가 정치 터전을 마련할 아칸소로 떠나기 위해서였다.

당시 아칸소 주는 미국에서 두 번째로 가난한 주였다. 법률 기관마저 많지 않은 시골이라 힐러리가 아동이나 여성 인권 같은 사법적 영역을 다룰 수 있는 기회는 거의 없었다. 하지만 그녀는 무에서 유를 창조하는 심정으로 그 동안의 명성을 버리고 처음부터 다시 시작했다.

힐러리는 아칸소 주립대에서 강의를 하며 법률상담소를 운영했다. 1977년 그녀를 알아본 지미 카터(James Earl Carter Jr.) 대통령은 아칸소 법률상담소의 법인 이사로 힐러리를 선임했다. 힘을 얻은 그녀는 그 해 아칸소 최초의 아동권리 보호 단체를 창설했다.

어릴 때부터 독자성을 중시해 왔던 힐러리는 결혼 후에도 '로댐'이라는 결혼 전 성을 유지했다. 그것은 공직자인 남편과 이해충돌이 생기는 데 대한 대비이기도 했다. 그런데 1978년 빌이 주지사에 당선되자 힐러리의 성이 보수적인 아칸소 사람들의 입방아에 오르내리기 시작했다.

결국 1980년, 빌이 주지사 재선에 실패하자 그녀는 '힐러리 로댐'이라는 이름을 꼭 써야 하는 변호사 업무 외의 공식적인 자리에서는 '클린턴 부인(Mrs. Clinton)'을 사용하며 빌을 적극 지지하고 나섰다. 그 후 빌이 1982년 재임 때부터 1992년 대통령 직을 위해 아칸소 주지사를 사퇴할 때까지 힐러리는 그의 옆에서 가장 든든한 조력자로 남았다. 보건, 교육, 복지, 의료, 경제 등 전반에서 빌과 함께 개혁을 추진하며 아칸소의 발전을 이끌었다.

아동과 여성 인권 전문 변호사로서도 힐러리는 두각을 나타냈다. 유력 법률 저널인 내셔널로가 선정한 '미국에서 가장 힘 있는 변호사 100인'에도 두 번이나 선정됐다. 그러나 그녀는 1992년 빌이 민주당 대선 후보로 지명되자 모든 법률 관련 직책을 사퇴하고 '힐러리랜드'라는 참모진을 구성해 빌의 지원 사격에 나섰고, 결국 그를 대통령의 자리에 올려놓았다.

그러나 대선 기간과 백악관 입성 이후 각각 터진 빌의 여성 스캔들은 힐러리의 자존심과 마음에 강한 상처를 남겼다. 그럼에도 불구하고 그녀는 토크쇼에 직접 나가 "선거는 우리 결혼생활이 아니라 유권자에 달려 있다"고 말할 정도로 그와의 정치적 연대는 끊지 않았다.

힐러리는 현재 미국의 '보이지 않는 대통령'으로서 살아온 백악관에서의 8년을 거쳐 '상원의원 힐러리 클린턴', '국무장관 힐러리 클린턴'으로서 전면에 나서 자신의 정치를 펼치고 있다. 비록 의료개혁 실패와 같은 좌절도 겪었지만 그녀에 대한 전 세계의 관심과 지지는 여전히 진행 중이다.

미국 대통령 선거 직후인 2012년 11월 8일에는 국무장관 사의를 표명해 또 한 번 미국 정계를 들썩이게 했다. 힐러리의 대변인 필립 레인스(Philip Raines)는 미국의 유력 시사 주간지 위클리스탠더드에 보낸 이메일을 통해 오바마 대통령 집권 2기내각 출범 전인 2013년 1월에 국무장관직을 사임할 것이라고 밝혔다.

지난 2008년 민주당 경선 패배 후 대통령에 출마하지 않고 내각에 참여해 국무장관에 오른 힐러리는 "사퇴하면 어떤 공직도 맡지 않겠다"고 말한 바 있으나 "조국을 위해 봉사하고 싶다"는 말도 빼지 않아 여운을 남겼다. 그래서 이번 사임 의사 표명을 두고 미국 정가는 차기 대권을 노린 힐러리의 포석이라며 '백악관 도전을 향한 전주곡'이라고 분석했다.

한편 힐러리는 2012년 하반기 미국의 여론조사기관인 퍼블릭폴리시폴링(PPP)이 실시한 여론조사에서 58%의 압도적인 지지를 얻어 민주당 유력 대선 후보 가운데 1위에 오르기도 했다. 또 힐러리의 대권 도전 가능성을 다룬 신간이 출간되는 등 미국에서 가장 '핫한 정치인'으로 계속해서 주목을 받고 있다.

일각에서는 이번 사임 표명을 백악관 입성 의지를 간접적으로 표출한 것으로 해석하고 4년 후 탄생할 '미국 최초의 여성 대통령 힐러리 클린턴'을 기정사실화 하는 분위기다. 공화당은 미트 롬니의 패배로 자중지란에 빠져 있고 민주당 역시 힐러리를 제외하고는 이렇다 할 대선 후보가 눈에 띄지 않기 때문이다.

게다가 힐러리가 대선 출마 선언을 할 경우 여전히 최고의 인기와 리더십을 구가하고 있는 남편 빌 클린턴과 재선 과정에서 빌에게 결정적 도움을 받은 오바마, 이 두 전·현직 대통령의

수수한 모습으로 방글라데시를 방문한 힐러리

적극적인 지원을 받을 수 있다는 점도 그러한 가능성에 무게를 더해 주고 있다.

이런 가운데 최근 힐러리는 화장이나 헤어 스타일링을 전혀 하지 않은 채 공식석상에 자주 모습을 드러내 또 다른 의미에서도 세계인들의 이목을 집중시키곤 한다. 독일 총리인 앙겔라 메르켈이 총리에 출마하며 외양을 업그레이드 한 것과는 정반대로 힐러리는 이제 있는 그대로의 꾸미지 않은 모습으로 미국 국민과 전 세계인들 앞에 서고 있다.

여성 정치인들에게서는 흔히 볼 수 없는 그 모습에 대해 올해 64살인 힐러리는 "이제는 편안하게 하고 싶은 대로 하고 살려고 애쓴다"라고 설명한다. 하지만 그 역시 이미지메이킹 전략의 하나라는 분석이 많다. 남성의 흰머리는 훈장이지만 여성의 주름은 가려야 할 에티켓의 대상이라는 정치판의 풍토를 은근 꼬집으며 '여성'이라는 수식어를 떼고자 한다는 것이다.

어쩌면 힐러리 자신의 설명대로 '자연인 힐러리 클린턴'으로의 회귀를 진정 원하고 있는지도 모른다. 그녀의 자서전 '살아있는 역사' 첫 페이지를 장식한 이 문장들처럼 말이다.

"나는 퍼스트레이디나 상원의원으로 태어나지 않았다. 민주당원으로 태어나지도 않았고, 변호사로 태어나지도 않았고, 여성의 권리와 인권의 옹호자로 태어나지도 않았다. 아내나 어머니로 태어나지도 않았다. 나는 20세기 중엽에 한 미국인으로 태어났다."

힐러리 클린턴 약력

1947.10.26.	미국 일리노이 주 시카고 출생
1969.	웰즐리여대 정치학 학사
1973.	예일대학교 법과대학원 박사
1975.10.	빌 클린턴과 결혼
1979.	아칸소 주 농촌지역건강지원위원회 회장
1983.	아칸소 주 '올해의 여성', '올해의 시민', 아칸소 언론협회 '올해의 인물' 선정
1984.	아칸소 주 '올해의 (젊은) 어머니' 선정
1987~1991.	미국 변호사협회 여성회원 회장
1988 & 1991.	내셔널로 '미국에서 가장 영향력 있는 변호사 100인' 선정
1997.	제42대 미국 대통령 영부인
2003.06	뉴욕 주 민주당 상원의원
2006	자서전 '살아있는 역사(Living History)' 출간
2009.01	미국 뉴욕 주 민주당 상원의원
2009~현재	제67대 미국 국무부 장관

O p r a h   W i n f r e y

방송인
오프라 윈프리

오랜 시간 혼자 간직해온 마음속 응어리를 방송을 통해

많은 사람들 앞에서 풀어냄으로써 카타르시스를 느꼈고,

이후 사람들의 따뜻한 위로는 그녀에게 큰 힘이 되었다.

세계에서 가장 영향력 있는 '토크쇼의 여왕'
오프라 윈프리

오프라 윈프리는 자신의 이름을 내건 '오프라 윈프리 쇼'를 통해 전 세계 시청자들을 사로잡으며 '토크쇼의 여왕'으로 군림했다. '오프라 윈프리 쇼'는 2011년 5월, 25년에 걸친 대단원의 막을 내렸지만 그녀는 여전히 세계에서 가장 영향력 있는 여성 리더로 손꼽히고 있다. 윈프리는 TV 및 영화 제작사인 하포 스튜디오, 여성 전문 케이블 방송국 옥시즌, 잡지 'O-매거진' 등을 통해 '오프라의 미디어 제국'을 완성했다. 또한 오프라의 엔젤 네트워크와 남아공에 지은 리더십 아카데미 등을 통해 팬들에게 받은 사랑을 환원하는 데도 힘쓰고 있다.

'희망이 승리했다' 티셔츠를 입고 오바마 당선 축하 특별 쇼에 등장한 윈프리

2008년 11월 5일 오프라 윈프리(Oprah Winfrey)는 가슴에 '희망이 승리했다!(Hope Won!)'라는 문구가 새겨진 티셔츠를 입고 성조기를 흔들며 자신의 토크쇼에 등장했다. 다른 한 손에는 버락 오바마(Barack Obama) 미국 대통령이 표지에 실린 신문을 들고 있었다.

그날은 오바마의 대통령 당선이 확정된 바로 다음날이었다. '오프라 윈프리 쇼(The Oprah Winfrey Show)'도 선거 후 특별방송(Post-election Special)으로 편성됐다. 윈프리는 "오늘 드디어 선거가 끝났어요. 이제야 마음이 놓이네요"라며 탄성을 질렀다. 스튜디오의 방청객은 물론 전 세계 수천만 명의 시청자가 함께 오바마의 승리를 만끽했다.

오바마의 대선 캠페인에서 윈프리는 '킹메이커(King Maker)' 역할을 했다. 실제로 그녀의 오바마 지지 선언은 수많은 표를 집결시켰다. 미국 역사상 최초의 흑인 대통령이 탄생하는 과정에서 그녀의 오바마 지지는 분명 확실한 도약대 역할을 했다.

그로부터 3년 후 오바마의 재선 도전을 앞두고 다시 한 번 미국민의 이목이 윈프리에 집중됐다. 이번에도 그녀가 선거 캠페인에 직접 뛰어들 것인지 모두가 그녀의 '처분'만을 기다리고 있었다. 이번에는 직접 지원 유세를 하지 않았지만 윈프리의 지지자들은 오바마에게 여전히 큰 힘이 되어 주었고, 오바마는 재선에 성공해 흑인으로서 미국 대통령에 연임 되는 영예를 누렸다.

'오프라 윈프리 쇼'의 화려한 퇴장

오프라 윈프리는 미국은 물론 전 세계적으로도 막대한 영향력을 행사하고 있는 여성 리더로 꼽힌다. 윈프리의 말이나 행동에 따라 대중의 관심이 움직이고 지지도가 바뀐다. 그녀의 영향력이 사회현상으로까지 대두되면서 '오프라 효과(Oprah Effect)'라는 말도 생겨났다. 윈프리의 인터넷 사이트 '오프라 닷컴(Oprah.com)'의 한 달 방문객은 300만 명이 넘는다.

실제로 윈프리는 미국의 유력 경제전문지 포브스가 발표하는 '세계에서 가장 영향력 있는 유명인(The World's Most

오프라 윈프리쇼에서 버락 오바마 대통령 부부와 함께

Powerful Celebrities)' 1위에 여러 차례 선정됐다. 타임이 선정하는 '세계에서 가장 영향력 있는 인물(The Most Influential People In The World)'에도 몇 번이나 이름을 올렸으며, 2004년에는 UN이 선정한 '올해의 세계지도자상(Annual Global Leadership Award)'까지 수상했다.

뿐만 아니라 윈프리는 미국 최고의 여성 갑부 가운데 한 명이다. 흑인 최초 억만장자인 그녀의 재산은 2011년 포브스 발표에 따르면 약 27억 달러에 달한다. 한해 수입은 2억 9000만 달러나 된다.

그녀에게 이러한 부와 명예를 가져다 준 것은 두말할 것도 없이 '오프라 윈프리 쇼'다. '오프라 윈프리 쇼'는 1986년 첫 방송을 시작한 이후 25년 동안 총 4,561회가 방송됐다. 전 세계 110여 개국에서 전파를 탔으며 미국만 해도 매주 2,000만 명 이상이 시청하는 명실상부한 최고의 토크쇼였다.

그동안 '오프라 윈프리 쇼'를 거쳐간 게스트들도 화려하다. 버락 오바마(Barack Obama), 조지 W. 부시(George W. Bush), 빌 클린턴(Bill Clinton), 지미 카터(Jimmy Carter) 등 미국 대통령을 비롯해 마이클 잭슨(Michael Jackson), 휘트니 휴스턴(Whitney Houston), 마이클 조던(Michael Jordan) 등 각계각층의 내로라하는 유명 인사들이 대거 출연했다.

윈프리는 이러한 거물급 게스트들과 대담을 나누면서 그들을 자신의 사람으로 만드는 탁월한 능력을 갖고 있다. 특유의 화술과 진정성 있는 접근을 통해 신뢰를 확보함으로써 그들을 '친구'로 삼았다.

이러한 윈프리의 인맥과 영향력은 '오프라 윈프리 쇼'의 종영을 앞둔 특별 방송에서도 여실히 드러났다. 2011년 5월 17일 미국 일리노이의 시카고 유나이티드센터에서 진행된 고별 녹화에는 1만 3,000여 명의 관객이 객석을 가득 메웠다. 윈프리와 그 '친구들'을 보기 위해 온 사람들이었다.

가장 먼저 윈프리가 진회색 원피스를 입고 환하게 웃으며 자신의 4,559번째 쇼 무대에 오르자 객석에서는 끝없는 환호와 박수갈채가 터져 나왔다. 이어 첫 번째 '친구'가 등장했다. 아카데미 남우주연상 수상자인 배우 톰 행크스(Tom Hanks)였다.

무대 중앙으로 나온 행크스는 "오프라 윈프리, 오늘 당신은 오직 사랑으로 둘러싸여 있군요. 어느 작가가 말했죠. '사랑받는 것보다 더 놀라운 마법은 없다'구요"라며 그녀를 칭송했다.

다음으로 영화 '미션 임파서블'의 주제 음악과 함께 톰 크루즈(Tom Cruise)가 나타났다. 윈프리는 그에게 "10번은 만난 것 같아요!"라고 말했다. 사실 크루즈는 12번째 출연이었다.

크루즈는 "4반세기 동안 오프라, 당신은 착한 마녀 글린다(Glinda the Good Witch, '오즈의 마법사'에 나오는 캐릭터)의 말을 인용하곤 했습니다. '당신은 언제나 힘을 가지고 있다.' 이것이 바로 당신이 우리 삶에 보내는 메시지죠"라며 윈프리에게 고마움을 표현했다.

'팝의 여제' 마돈나(Madonna)는 "수백만 명이 오프라에게 격려를 받았다는 사실은 더 이상 비밀이 아닙니다. 내가 바로 그들 중 한 사람이에요"라고 털어놨다. 그녀는 또 "윈프리는 25년 동안 스스로 정상의 자리에 올라 있었지만 여전히 끝내주네요!"라고 윈프리를 치켜세우기도 했다.

이들 외에도 배우 다코타 패닝(Dakota Fanning), 할리 베리(Halle Berry), 케이티 홈즈(Katie Holmes)와 ABC 방송국 뉴스 앵커인 다이앤 소여(Diane Sawyer), 가수 비욘세(Beyonce), 스티비 원더(Stevie Wonder) 등 수많은 톱스타들이 자리를 빛냈다. 심지어 스티비 원더는 윈프리를 위해 만든 신곡을 부르기도 했다.

이처럼 윈프리는 오늘날 리더십의 중요한 요소로 거론되고 있는 '노후(Know-Who)'의 중요성을 분명히 보여주고 있다. 그러나 그녀는 유명인들만의 친구는 아니다. 그녀의 토크쇼를 통해 전 세계 수천만 명과도 우정을 나누고 있다.

유나이티드센터에서의 고별 녹화 며칠 후 윈프리는 시카고에 위치한 자신의 하포 스튜디오에서 다시 400여 명의 '친구들'과 마주했다. 이날은 25년 동안 전 세계 시청자들을 웃고 울게 만들었던 '오프라 윈프리 쇼'의 마지막 녹화날이었다.

게스트는 다름 아닌 윈프리 바로 자신이었다. 그녀는 이번에도 역시 '정신적 멘토'로서 중요한 교훈을 시청자들에게 전했다. "모든 사람은 소명(Calling)을 가지고 있습니다. 그것이 무엇인지 찾아 실행하는 것이 인생에서 진정으로 해야 할 일입니다. 이 쇼에서 만난 많은 성공한 사람들은 소명이 무엇인지 알고 있었어요." 그녀는 또 소명에 의해 모두가 세상을 변화시킬 수 있다고 말했다.

쇼가 거의 끝날 무렵 윈프리는 그 동안 자신을 사랑해준 이들에게 마지막 러브레터를 띄웠다. "고별 녹화를 하는 동안 나는 여러 번 질문을 던졌습니다. '이것은 달콤 쌉싸름한 마지막인가?' 아니, 오로지 달콤합니다. 쌉싸름함은 없어요. 수많은 우리들이 25년 동안 함께 해 왔으니까요."

그리고 더 이상 '오프라 윈프리 쇼'를 통해 그녀를 볼 수 없음을 아쉬워하는 시청자들을 위로했다. "이것은 마지막이 아니라 특별한 시작입니다. 하나의 장(Chapter)은 끝났지만 '다음 장'이 우리 모두를 위해 시작되고 있죠."

> 윈프리는 오늘날 리더십의 중요한 요소로 거론되고 있는 '노후(Know-Who)'의 중요성을 분명히 보여주고 있다. 그러나 그녀는 유명인들만의 친구는 아니다. 그녀의 토크쇼를 통해 전 세계 수천만 명과도 우정을 나누고 있다.

혼자 감당해야 했던 유년기의 학대

윈프리는 '토크쇼의 여왕'으로서 전 세계인이 지켜보는 가운데 방송 인생의 1장을 마감했다. 하지만 '방송인'이 아닌 '인간' 혹은 '여성'으로서 그녀의 인생은 첫 장부터 쉽지가 않았다.

1954년 1월 29일 윈프리는 미시시피의 가난한 시골 마을 코시어스코에서 10대 미혼모의 사생아로 태어났다. 그녀의 어머니 버니타 리(Vernita Lee)는 아버지 버논 윈프리(Vernon Winfrey)와 '오크나무 아래서의 하룻밤 불장난' 때문에 윈프리를 낳았다. 아버지는 윈프리가 태어난 줄도 모르고 있다가 나중에야 그 사실을 알게 되었다.

또 윈프리의 이름은 원래 성경의 룻기에서 따온 '오파

(Orpah)'였지만 조산사가 철자를 잘못 옮겨 적는 바람에 '오프라(Oprah)'가 되었다. 태어나자마자 꼬인 인생을 살게 된 것이다. 그러나 이후 그녀에게 닥쳐올 불행에 비하면 그것은 전주곡에 불과했다.

어린 시절 윈프리는 외할머니 손에서 자랐다. 외할머니는 좋은 분이었고 신앙심도 신실했지만 때로는 훈육 정도가 도를 지나쳤다. 어떤 때는 며칠씩 매를 맞아 온몸이 성한 데가 없을 정도였다. 요즘 같으면 아동 학대라 불릴 수준이었다.

그러나 윈프리는 쉽게 좌절하는 아이가 아니었다. 아직 어렸지만 그녀는 자신의 인생은 자신만이 책임질 수 있다고 믿었다. 그리고 분명히 배우 셜리 템플(Shirley Temple)처럼 성공한 스타가 될 거라고 확신했다.

그런 윈프리를 외할머니는 교회에 데리고 다니며 많은 사람들 앞에서 성경을 암송하게 했다. 윈프리 자신도 그것을 좋아했다. 유창하게 성경을 암송할 때마다 외할머니의 친구들은 보통 아이가 아니라며 칭찬해 줬고 윈프리는 어깨가 으쓱해졌다.

1997년 발간한 저서 '오프라 윈프리의 특별한 지혜(Uncommon Wisdom of Oprah Winfrey)'에서 윈프리는 "저의 힘, 추론 능력, 그 모든 것들이 제가 6살 때 심어졌습니다. 지금의 저는 기본적으로 6살 때의 저와 다르지 않습니다"라며 외할머니에게 감사했다.

하지만 어머니에게만은 윈프리도 반항심 많은 딸이었다.

7살이 되던 해 그녀는 어머니를 따라 위스콘신의 밀워키로 이주했다. 윈프리와 어머니, 이복 여동생 파트리샤(Patricia)는 도심의 조그만 셋방에서 함께 지내야 했다.

어머니는 파출부 일을 다니면서 아기인 파트리샤를 돌보느라 바빴다. 윈프리는 자신이 늘 외톨이라는 느낌을 지울 수 없었다. 왜 어머니가 자신을 맡았는지조차 이해하기 힘들었다.

경제적 문제도 심각했다. 어머니가 생활비를 벌긴 했지만 가정 형편은 극도로 어려웠다. 애완동물이 갖고 싶었던 윈프리는 작은 병 속에 바퀴벌레를 키우며 외로움을 달래곤 했다.

초등학교 1학년이 끝나갈 무렵 생활고에 지친 윈프리의 어머니는 딸을 테네시의 내슈빌에 있는 아버지에게로 보냈다. 윈프리의 아버지는 부인인 젤마(Zelma)와 살고 있었으나 아이가 없었다.

아버지 부부는 윈프리를 엄격하게 가르쳤다. 구구단을 반복 연습시키고 도서관에 데려가 대출 카드를 만들어주며 책을 읽게 한 후 독후감을 쓰도록 했다. 일요일에는 교회에 데리고 갔다.

하지만 아버지의 엄격한 훈육의 바탕에는 애정이 깔려 있었다. 윈프리도 그것을 느낄 수 있었다. 그녀는 차츰 아버지의 기대에 부응했다. 학교에서는 월반을 하며 두각을 나타냈고 집이나 교회에서도 자랑스러운 딸이 되었다.

그러나 행복은 그리 오래 가지 않았다. 윈프리가 9살이 됐을 때 어머니가 찾아와 그녀를 데리고 가겠다고 한 것이다. 어머니는 곧 결혼해서 행복한 가정을 꾸릴 거라고 약속했다.

어머니를 믿고 밀워키로 돌아갔지만 상황은 더 악화돼 있었다. 이제 윈프리는 작은 단칸방에서 새로 태어난 이복 남동생 제프리(Jeffrey)와 그의 아버지인 어머니의 남자친구와도 함께 살아야 했다.

집은 늘 사람들로 북적댔다. 어머니의 친척들과 친구들이 수시로 그곳을 드나들었다. 그리고 거의 방치되다시피 했던 어린 윈프리는 어머니에게로 돌아온 그 해 여름 19살짜리 사촌오빠에게 성폭행을 당하고 말았다.

고작 9살이었던 그녀는 그 행위가 무엇을 의미하는지도 몰랐다. 그래서 사촌오빠가 아이스크림을 사주고 동물원 구경을 시켜주며 비밀을 지키라고 하자 순순히 그 말을 따랐다.

그러나 그것이 끝이 아니었다. 이후에도 윈프리는 자신이 가장 좋아하던 친척 아저씨와 어머니의 남자친구에게서도 여러 차례 성폭행을 당했다. 10대 초반 내내 그런 일들이 이어졌다.

나중에 아이가 어떻게 생기는지 알게 되었을 때 윈프리는 극심한 두려움에 휩싸였다. 배가 아프다 싶으면 임신 때문이라 생각하고 슬그머니 화장실로 향했다. 아무도 모르게 아이를 낳을 작정이었다.

윈프리는 아무에게도 사실을 말할 수 없었다. 어머니나 친척들에게 말을 한다 해도 도움을 받기는커녕 야단만 맞을 거라 생각했다. 실제로 사실을 알고도 모른 척하는 친척들도 있었다.

방황했던 10대 초반, 그리고 출산

성적 학대로 인한 수치심과 분노, 임신에 대한 두려움을 잊기 위해 윈프리는 공부에 전념했다. 그 덕분에 선생님의 눈에 띄어 13살 때는 전액 장학금을 받고 사립인 니콜레트고등학교에 입학하게 됐다.

윈프리는 교육 환경이 우수한 새 학교에서 인기가 많았다. 자주 친구들의 집에 초대됐는데 그들은 대부분 부유한 백인 집안의 아이들이었다. 반면 윈프리는 파출부를 다니는 가난한 흑인 미혼모의 딸이었다. 친구들은 자가용을 타고 다녔지만 그녀는 파출부들과 함께 버스를 몇 번씩 갈아타고 통학했다.

궁핍한 처지를 알리고 싶지 않았던 윈프리는 늘 거짓말로 자신과 가족을 포장했다. 급기야 친구들과 비슷한 수준의 생활을 하기 위해 어머니의 지갑에 손을 대기도 했다. 윈프리는 날이 갈수록 타락했다. 습관처럼 가출을 일삼았고 남자 아이들과 밤늦게까지 어울리며 성적으로 난잡한 10대가 되었다.

결국 참다못한 어머니는 윈프리를 비행 청소년 보호시설에 보내려 했다. 하지만 시설은 포화상태여서 그녀를 받아줄 수 없었다. 어쩔 수 없이 어머니는 딸을 내슈빌의 아버지에게로 돌려보냈다.

하지만 윈프리는 이미 예전의 말 잘 듣는 9살 어린아이가 아니었다. 14살의 못된 사춘기 소녀인 그녀는 야한 옷을 입고 아버지와 새어머니에게도 버릇없는 행동을 일삼았다.

게다가 그때 윈프리는 이미 임신 7개월이었다. 성폭행으로 인한 임신이었다. 다행히 들키지는 않았지만 하루하루 불안 속에서 보내야 했다. 얼마 후 윈프리는 아버지에게 임신 사실을 털어놓았다. 그러나 불행은 계속됐다. 너무 어린 나이와 소홀한 건강관리로 조산을 하고 만 것이다. 결국 아이는 얼마 못가 죽고 말았다.

윈프리는 어린 시절의 아픈 경험을 아버지 부부 외에는 누구에게도 말하지 않았다. 분노와 수치심을 안은 채 무의식적으로는 스스로를 탓하며 살았다. 그러다 1985년 삼십대 중반이 되어서야 자신의 토크쇼에서 그 사실을 털어 놓았다. 쇼에 출연한 성폭행 피해 여성들은 아동기의 성폭행 경험에 대해 이야기했다. 그러자 비슷한 일을 당한 다른 여성들도 전국에서 울며 전화를 걸어왔다.

쇼가 진행되는 동안 윈프리도 감정이 북받쳐 올랐다. 순간 그녀는 울음을 터트리며 "저도 똑같은 일을 겪었어요"라고 말했다. 그녀는 어린 시절 겪은 모든 불행한 경험들이 여전히 자신의 삶을 관통하고 있노라고 고백했다.

의도하지 않은 토로였지만 한편으로 그 일은 윈프리에게 상처를 치유하는 계기가 되었다. 오랜 시간 혼자 간직해 온 마음속 응어리를 방송을 통해 많은 사람들 앞에서 풀어냄으로써 카타르시스를 느꼈고, 이후 사람들의 따뜻한 위로는 그녀에게 큰 힘이 되었다.

그렇다고 윈프리가 수치심까지 완전히 떨쳐낸 것은 아니었다. 14살 때 성폭행을 당해 사생아를 낳았다는 사실은 여전히 비밀에 부쳤다. 그러나 1990년 동생인 파트리샤에 의해 그 일마저 세상에 알려졌다. 돈을 받고 가십을 좇는 타블로이드 신문에 언니의 비밀을 폭로한 것이다.

하지만 윈프리는 강한 여성이었다. 오히려 그 일은 새로운 인생을 시작하는 출발점으로 삼았다. 자신의 힘들었던 경험을 다른 피해 여성들과 공유하고, 한 걸음 나아가 앞으로 그런 일이 발생하지 않도록 돕는 일에 앞장섰다.

윈프리는 자신의 영향력을 '전국아동보호법안'이 통과되는 데 보탰다. 그 법은 어린이와 관련된 일에 종사하는 사람을 채용할 때 지원자의 아동 학대 전과를 조회할 수 있도록 하는 내용이었다.

1991년 11월 윈프리는 워싱턴으로 날아가 수많은 상원 법사위원회 위원들 앞에서 자신의 학대 경험을 이야기했다. 그녀는 학대를 받은 경험이 있다면 어린 시절을 잃게 된다며 위원들을 설득했다. 이후 그 법안은 '오프라 법안(Oprah Bill)'으로 불리게 되었다.

마침내 1993년 12월 전국아동보호법안은 법률로 확정됐다. 클린턴 미국 대통령이 백악관에서 법안에 서명하는 역사적인 자리에는 법안 통과의 가장 큰 공신인 윈프리도 함께 했다.

> 윈프리는 어린 시절의 아픈 경험을 아버지 부부 외에는 누구에게도 말하지 않았다. 분노와 수치심을 안은 채 무의식적으로는 스스로를 탓하며 살았다.

아버지의 품에서 희망을 되찾다

윈프리가 힘든 어린 시절을 딛고 일어나 성공에 이를 수 있었던 가장 큰 조력자는 그녀의 아버지다. 윈프리는 종종 아버지가 자신을 "사람 만들었다"라고 이야기한다. 아버지를 따라 내슈빌로 가게 된 바로 그 순간 인생이 바뀌었으며 아버지가 자신을 구원했다는 것이다.

윈프리는 저서 '오프라 윈프리의 특별한 지혜'에서 아버지에 대해 이렇게 언급했다. "저는 훈련과 기율이 결핍된 아이였습니다. 아버지는 제게 '내가 모기가 수레를 끌 수 있다고 하면 그저 대꾸하지 말고 모기한테 수레를 걸어 매거라'라고 말씀하시곤 했습니다. 아버지는 규율을 무척이나 강조하셨죠. 오늘의 제가 있는 건 다 그분 덕이라고 믿습니다. 저는 정말이지 나아가야 할 방향이 절실했습니다."

당시 윈프리의 아버지는 이발사 일을 하면서 잡화점을 운영하고 있었다. 쉴 틈 없이 바쁜 와중에도 딸에 대한 관심과 감시를 결코 소홀히 하지 않았다. 아버지는 윈프리가 긍정적인 자세와 배움에 대한 열정을 되찾을 수 있도록 해 주었다. 그녀는 매일 새로운 단어를 암기하고 한 달에 네다섯 권의 책을 읽어야 했다.

특히 책 읽기는 윈프리에게 희망을 주었다. 독서에 대한 윈프리의 열정은 훗날 자신의 이름을 내건 '오프라의 북클럽(Oprah's Book Club)'으로 발현되기도 한다. 그녀는 1996년부터 자신의 쇼를 통해 매월 몇 권의 책을 소개했는데 오프라의 북클럽에서 선정한 책들은 대부분 '오프라 효과'를 톡톡히 봤다. 신간은 물론이고 잊혀졌던 고전이나 그 동안 주목 받지 못했던 책들도 다시 주목을 받으며 몇 백만 부씩 팔려나가 베스트셀러 대열에 올랐다.

한편 아버지의 애정 어린 훈육과 독서를 통해 '열린 문'을 찾은 윈프리는 다시 학교로 돌아갔다. 그녀가 다니게 된 내슈빌의 이스트고등학교는 상대적 박탈감이 들게 했던 밀워키의 사립 고등학교와 달리 빈부와 인종이 조화된 곳이었다.

처음에는 부진하던 윈프리의 성적은 시간이 지나며 눈에 띄게 좋아졌다. 자신감을 회복한 윈프리는 학업뿐 아니라 연극이나 토론 같은 동아리 활동에도 열심이었다. 그 결과 상급 학년

이 되면서 윈프리는 인기와 칭찬을 한 몸에 받게 되었다. 학생회 부회장에 당선됐고 생일 파티를 학교 체육관에서 열어야 할 정도로 인기가 많았다.

1971년 17살의 윈프리는 내슈빌에서 열리는 '미스 불조심 선발대회'에 출전했다. 학교 대표로 참가한 전국 청소년 회의 건으로 지역 라디오 방송국인 WVOL과 인터뷰를 한 것이 계기가 되었다. 당시 인터뷰를 담당했던 DJ 존 히델버그(John Heidelberg)는 그녀의 말솜씨에 감탄해 미인대회 출전을 권유했다.

심사숙고 끝에 윈프리는 미인대회에 참가했지만, 유일한 흑인 참가자였기 때문에 우승을 할 거라곤 눈곱만큼도 기대하지 않았다. 그래서 다른 소녀들과 달리 긴장하지 않고 편하게 심사위원들의 질문에 대답할 수 있었다.

오히려 그런 자연스런 태도가 심사위원들의 흥미를 유발했다. 백만 달러가 생기면 무엇을 할 것이냐는 질문에 "막 써버릴 것 같아요"라고 답해 회장을 폭소로 물들이기도 했다.

하지만 장차 어떤 일을 하고 싶냐는 질문에는 사뭇 진지해졌다. 당시 윈프리는 유명한 뉴스 진행자였던 바바라 월터스(Barbara Walters)처럼 되고 싶었다. 그녀는 심사위원들에게 말했다. "언론인이 되고 싶어요. 저는 진실을 믿거든요. 진실이 영원히 남기를 바라고 세상에 진실을 알리고 싶어요."

윈프리의 대답에 감명받은 심사위원들은 결국 그녀를

'미스 불조심'으로 뽑았다. 그녀는 그 대회에서 1위를 차지한 최초의 흑인이었다.

그뿐 아니었다. 윈프리는 '미스 블랙 내슈빌'과 '미스 블랙 테네시'에도 연이어 출전했다. 놀라운 평정심과 지성미, 재치 있는 말솜씨로 심사위원들을 매료시킨 덕분에 그녀는 재능 부문에서 모두 최고 점수를 받았다. 그리고 미모가 출중한 다른 참가자들을 제치고 두 대회 모두 1위를 따냈다.

'미스 불조심'에 선발된 몇 달 후 윈프리는 자신을 후원했던 WVOL 라디오를 찾아갔다. 대회의 부상품을 받기 위해서였다. 윈프리를 다시 만난 히델버그는 뉴스 원고 하나를 읽게 한 후 그것을 녹음했다.

히델버그는 녹음 테이프를 방송국 보도국장에게 들려주었다. 국장 역시 윈프리의 재능을 알아보았고, 그 자리에서 바로 그녀에게 라디오 뉴스 기사를 낭독하는 아르바이트를 맡겼다.

"아버지는 규율을 무척이나 강조하셨죠. 오늘의 제가 있는 건 다 그분 덕이라고 믿습니다. 저는 정말이지 나아가야 할 방향이 절실했습니다."

다시 외톨이: 대학 생활과 뉴스 진행

내슈빌에서 우수한 성적으로 고등학교를 졸업한 후 윈프리는 집에서 그리 멀지 않은 테네시주립대학교에 등록했다. 더 큰 도시의 대학으로 진학할 수도 있었지만 아직 딸이 준비가 덜 됐다고 생각한 아버지의 만류에 내슈빌에 남은 것이다. 그곳에서 그녀는 화법과 드라마를 전공했다. 커뮤니케이션을 공부하고 싶었지만 테네시대에는 아직 학과가 없었다.

교사와 학생들의 총애를 받던 고등학교 때와 달리 대학 시절은 윈프리에게 상당히 힘든 시기였다. 당시는 흑인 인권 운동이 맹렬한 기세로 확산되고 있었고, 테네시대의 많은 학생들도 '블랙 팬서(Black Panthers)'라는 급진 단체에 가입해 투쟁에 참여했다. 그러나 윈프리는 다른 학생들처럼 마음속에서 끓어오르는 분노가 없었다.

흐름에 동참하려고도 해 봤지만 그것은 스스로를 속이는 일일 뿐이었다. 윈프리는 자신이 흑인이어서 혹은 여성이어서 차별이나 제약을 받았다는 생각이 딱히 들지 않았다. 그래서 학내 투표 등에서도 정치 풍조에 휩쓸리지 않고 소신대로 행동했다. 그런 윈프리를 학생들은 싫어했다. 심지어 백인에게 영합하는 흑인을 경멸할 때 쓰는 호칭인 '오레오(Oreo)'라고 부르기도 했다.

그러나 아이러니하게도 대학 2학년 때 윈프리는 자신이 동조하지 않았던 행동주의자들의 덕을 보게 됐다. 대학생들이 앞장서 투쟁하면서 사회 분위기가 많이 바뀌자 압력을 받은 정부는 1972년 '기회균등고용법'을 내놓았다. 새로운 법에 따라 기업들은 여성이나 소수민족 채용을 늘렸는데 윈프리도 그 수혜자 중 한 명이었다.

윈프리가 취업한 곳은 내슈빌의 WTVF TV 방송국이었다. 그녀의 WVOL 라디오 뉴스를 들은 한 간부는 '여성'에 '흑인'인 윈프리에게 입사 면접을 제의했고 윈프리는 성공적으로 통과했다.

그녀는 '하나의 상징'으로서 입사했지만 자신의 역할을 잘 해냈다. 처음에는 주말에만 일을 하다가 나중에는 노련한 남자 앵커와 공동으로 매일 저녁 뉴스를 진행했다.

새로운 기회도 찾아왔다. 전국 10위 규모인 매릴랜드의 볼티모어에 본사를 둔 WJZ TV 방송국에서 윈프리에게 스카우트 제의를 한 것이다. WJZ TV는 ABC 방송국의 계열사이기도 했다.

22살의 윈프리는 마침내 아버지의 품을 떠나 새로운 곳에 둥지를 틀었다. 볼티모어는 내슈빌보다 더 복잡하고 산업화된 도시였다. WJZ TV에서도 윈프리는 경력 많은 남자 앵커와 함께 평일 저녁 뉴스를 진행했다.

그러나 얼마 후 윈프리와 방송국 모두 그녀가 '뉴스 체질'이 아님을 깨닫게 되었다. 어떤 상황에서도 객관성을 유지하는 파트너와 달리 윈프리에겐 기자다운 냉철함이 없었다. 화재나 사고 현장을 보도할 때면 격앙된 어조로 "정말 끔찍하군요!"라고 말하곤 했다.

방송국은 그녀의 외모도 문제 삼았다. 머리 모양을 바꾸라며 유명 살롱으로 보내 곱슬머리를 펴는 파마를 하게 했다. 하지만 독한 약품 탓에 머리카락은 다 빠져버렸고, 예뻐지기는커녕 흉측한 대머리가 되었다. 머리에 맞는 가발도 쉽게 찾을 수 없어 한동안 윈프리는 두건을 쓰고 뉴스를 진행했다.

결국 방송국은 윈프리를 앵커 자리에서 물러나게 했다. 그리고 남은 계약 기간 동안에 '사람들은 말한다(People Are Talking)'라는 새로운 낮 시간대 토크쇼의 진행을 맡도록 했다.

> 윈프리와 방송국 모두 그녀가 '뉴스 체질'이 아님을 깨닫게 되었다. 어떤 상황에서도 객관성을 유지하는 파트너와 달리 윈프리에겐 기자다운 냉철함이 없었다.

드디어 '소명'을 발견하다

하지만 그 일은 오히려 윈프리에게 전화위복이 되었다. 솔직한 그녀의 적성에는 일방적으로 사실을 전달하는 뉴스보다 사람들과 공감하며 이야기를 풀어가는 토크쇼 형식이 잘 맞았던 것이다. 윈프리의 토크쇼는 시청률에서 승승장구하며 마침내 경쟁 방송국의 간판 토크쇼인 '도나후 쇼(Donahue Show)'의 인기

시카고 WLS방송국 시절

마저 능가했다.

  1984년 윈프리는 일생일대의 결정을 내렸다. '사람들은 말한다'의 성공으로 얻은 볼티모어에서의 안정적인 지위를 버리고 낯선 곳에서 새로운 출발을 하기로 한 것이다. 그녀의 행선지는 미국의 3대 도시 중 하나인 일리노이의 시카고였다.

  윈프리는 시카고의 WLS TV 방송국에서 '에이엠 시카고(A.M. Chicago)'라는 토크쇼를 시작한다는 이야기를 듣고 오디션에 참가하기 위해 볼티모어를 떠났다. 시카고는 '도나휴 쇼'가 제작되는 곳이었는데 그녀는 어쩐지 그 도시가 마음에 들었다.

  사실 윈프리는 오디션에 합격할 자신이 없었다. 스스로 생각하는 가장 큰 약점은 몸무게였다. 스트레스로 인한 폭식으로 보기 흉할 정도로 살이 쪄 있었기 때문이다. 게다가 그녀는 흑인이었다. 시카고와 같은 대도시에서 '흑인'에다 '뚱보'인 자신을 아침 방송 진행자로 앉힐 리 만무하다고 생각했다.

하지만 윈프리는 이번에도 자신의 방식대로 당당하게 오디션을 치렀다. 준비한 내용을 그대로 읊는 대신 상대방과 눈을 맞추듯 카메라를 응시하며 자연스럽게 이야기를 풀어갔다.

윈프리의 편안하고 자신감 있는 모습을 본 데니스 스완슨(Dennis Swanson) 국장은 그녀가 새로운 토크쇼를 이끌어갈 적임자라고 판단했다. 그는 곧바로 윈프리와 만나 계약에 대해 논의했다.

그 자리에서 윈프리는 외모는 바꾸지 않겠다고 단호하게 말했다. 볼티모어에서의 '흑역사'를 되풀이하고 싶지 않았던 것이다. 다만 살은 빼겠다고 이야기했다. 스완슨은 중요한 것은 외모가 아니라 유명인이 된 후 윈프리가 그것을 감당할 수 있느냐의 문제라고 대답했다.

스완슨의 판단은 옳았다. 윈프리의 '에이엠 시카고'는 불과 한 달 만에 '도나휴 쇼'를 따라잡고 시청률 1위에 등극했다. WLS TV는 프로그램의 이름을 '오프라 윈프리 쇼'로 개명해 그녀의 인기에 날개를 달아 주었다. 마침내 미국 방송 역사의 한 페이지를 장식한 위대한 토크쇼가 탄생하는 순간이었다.

자신의 이름을 내건 토크쇼를 시작한 바로 그해 윈프리는 영화배우로도 데뷔했다. 스티븐 스틸버그 감독의 영화 '컬러 퍼플(The Color Purple)'에서 조연인 '소피아' 역에 캐스팅된 것이다.

'컬러 퍼플'은 퓰리처상을 수상한 흑인 여성 작가 앨리스 워커(Alice Walker)의 동명 소설을 바탕으로 한 영화였다. 영화 속 소피아는 윈프리처럼 긍정적이고 강한 여성이다. 시대에 순응하며 답답한 삶을 살아온 시어머니와 달리 그녀는 남편에게 학대당하면서도 당당함을 유지하고 자신의 지혜를 공유할 줄 알았다.

영화 자체는 많은 논란 속에 대중적으로도 큰 성공을 거두지 못했다. 하지만 윈프리는 이 영화로 이듬해인 1986년 아카데미에서 여우조연상 후보로 지명됐다. 비록 상은 받지 못했어도 그녀의 진정성 있는 연기는 큰 호평을 받았다.

재미있는 사실은 소피아 남편의 이름인 '하포(Harpo)'의 스펠링을 거꾸로 읽으면 바로 '오프라(Oprah)'로 발음된다는 사실이다. 윈프리는 이 기막힌 우연에서 착안해 그해 설립한 자신의 프로덕션 이름을 '하포 스튜디오'라고 지었다.

1987년 윈프리는 TV 부문의 아카데미상인 에미상에서 최우수 토크쇼 진행자상을 처음으로 수상했다. 이어 1988년에는 ABC 방송국으로부터 '오프라 윈프리 쇼'의 판권을 사들여 자신의 하포 스튜디오에서 직접 프로그램을 제작하기 시작했다.

2000년에는 여성 전문 케이블 방송국인 옥시즌(Oxygen)을 개국하고 자신의 이름을 딴 잡지 'O-매거진(O-The Oprah

Magazine)'의 발행을 개시했다. 특히 허스트 매거진과 공동 투자한 'O-매거진'은 전 세계 200만 명이 넘는 구독자를 확보하며 가장 성공적인 잡지 가운데 하나로 자리매김했다.

윈프리의 '에이엠 시카고'는 불과 한 달 만에 '도나휴 쇼'를 따라잡고 시청률 1위에 등극했다. WLS TV는 프로그램의 이름을 '오프라 윈프리 쇼'로 개명해 그녀의 인기에 날개를 달아 주었다.

쉽게 해결되지 않던 '중독'의 문제들

이처럼 언론인으로서, 경영자로서 자신의 커리어를 착실히 쌓아 온 윈프리였지만 그 이면에는 여전히 개인적인 문제가 그녀를 괴롭혔다. 내슈빌의 WTVF TV에서 앵커로 일하던 20대 초반 그녀는 마약에 중독된 상태였다. 더 정확히는 마약을 가르쳐 준 남자친구에 빠져 있었다.

나중에 윈프리는 토크쇼의 진행자로 승승가도를 달리면서도 늘 스스로가 위선자처럼 느껴졌다고 고백했다. 게스트나 시청자들에게는 늘 가면을 벗어던지라고 강조했지만 정작 그녀 자신은 엄청난 잘못을 숨기고 있었기 때문이었다.

윈프리는 사실을 밝힐 경우 감당해야 할 언론과 여론의 뭇매가 두려웠다. 결국 그녀는 마약 중독 사실도 어릴 적 학대 경

힘을 밝혔을 때처럼 수십 년 후에야 '오프라 윈프리 쇼'를 통해 겨우 말할 수 있었다.

남자 문제는 볼티모어 시절에서도 윈프리를 힘들게 했다. 4년 동안이나 교제해 오던 상대와 헤어진 후 유서까지 썼을 정도다. 실제로 자살할 생각은 아니었다고 후일 밝혔지만 당시 그녀가 감정적으로 큰 혼란을 겪고 있었음은 분명했다.

더욱 심각한 것은 윈프리가 그러한 감정상의 문제를 해결한 방식이었다. 그녀는 아픔을 달래기 위해 음식에 의지했다. 계속되는 폭식으로 그녀의 몸무게는 20kg 이상 늘었고, 그때부터 그녀는 일평생 '체중과의 전쟁'을 치러야 했다.

윈프리에게 음식은 안정감과 편안함을 의미했다. 때로는 결핍된 사랑의 대용물이었다. 그녀에게 무엇을 먹느냐는 중요하지 않았다. 그저 허전한 마음을 신체적 포만감으로 대신 채우고자 했을 뿐이다.

윈프리는 중독이나 다름없는 음식을 끊기 위해 다이어트를 시도했지만 매번 요요의 악순환으로 돌아왔다. 그녀는 인생의 3분의 2는 다이어트 상태에 있었다고 말하기도 했다. 윈프리를 음식 중독에서 구원해 준 이는 요리사인 로지 데일리(Rosie Daley)와 개인 트레이너인 밥 그린(Bob Green)이었다.

1991년 윈프리는 개인 요리사로 데일리를 고용했다. 그녀는 윈프리의 '다이어트 파수꾼' 역할을 하며 하루 24시간 식습관을 체크하고 건강에 도움이 되는 식단으로 요리를 해 줬다. 윈프리와 데일리는 그 식단을 모아 1994년 '부엌에서 로지와 함께: 오프라가 가장 좋아하는 요리법(In The Kitchen With Rosie: Ophra's Favorite Recipes)'이라는 책을 공동 출간하기도 했다. 물론 그 책은 베스트셀러가 되었다.

그린과는 1994년부터 함께 운동을 시작했다. 윈프리는 그해 에미상에서 '최우수 토크쇼 진행자'라는 영예로운 상을 받았지만 시상식 내내 우울하기만 했다. 그날 그녀의 몸무게는 사상 최고인 110kg에 육박했기 때문이다.

시상식이 끝나자마자 윈프리는 다이어트로 유명한 콜로라도의 한 온천으로 달려갔다. 그녀는 그곳에서 그린을 처음 만났다. 그린은 윈프리의 다이어트 방식을 살펴본 후 감정적 문제를 해결하지 않고서는 성공할 수 없다고 지적했다. 그리고 감정과 음식 사이의 '연관성'을 생각하라고 조언했다.

윈프리는 그린의 지도에 따라 매일 몇 시간씩 꾸준히 운동했다. 그녀는 특히 달리기를 좋아했다. 처음에는 별 흥미가 없었지만 정해진 코스를 완주한 후의 성취감이 그녀를 자극시켰다. 처음으로 마라톤 42.195km를 완주한 후에는 "에미상 수상한 것보다도 좋아요"라며 감격했다.

그린과 함께 운동을 시작한 지 2년 만에 그녀는 몸무게를 거의 절반인 67kg까지 줄였다. 달리기 관련 잡지인 '러너즈 월드(Runner's World)'의 표지 모델이 되었고, 그린과 다이어트에 관한 공동 저서도 펴냈다. 책의 제목은 '연결고리를 만들어라:

더 나은 몸매와 더 나은 삶을 위한 10단계(Make The Connection: Ten Steps To A Better Body And A Better Life)'였다. 이번에도 윈프리의 책은 순식간에 200만 부 이상 팔려나가 그녀의 인기와 영향력을 입증했다.

'노블리스 오블리제'로 거듭나다

윈프리는 달리기를 통해 살을 빼는 동시에 자선 활동에도 함께 참여했다. 암 연구나 불우이웃 돕기 모금 활동의 일환으로 개최된 마라톤 대회 등에 참석하며 건강과 공인으로서의 사회적 책임을 동시에 지켰다.

사실 윈프리는 이미 자선단체인 오프라 윈프리 재단을 만들어 '오프라의 엔젤 네트워크(Ophra's Angel Network)'라는 사회공헌 캠페인을 다양하게 펼치고 있었다. 1985년 자신의 이름을 건 '오프라 윈프리 쇼'를 시작한 후 그녀는 후원금 기부에 눈을 돌렸고, 보다 체계적인 지원을 위해 1987년에는 자선단체를 설립했다.

2007년에는 남아프리카공화국에 '리더십 아카데미'를 세워 여성과 아동의 교육과 복지 향상에 힘을 싣고 있다. 아카데미 개설을 위해 그녀는 4000만 달러라는 어마어마한 돈을 기부하며 '노블리스 오블리제(Noblesse Oblige)'의 전형을 보여 줬다.

2002년 리더십 아카데미의 착공식에 참석하기 위해 남아프리카공화국을 방문했을 때 윈프리는 전국을 돌며 5만 명 이상의 에이즈 고아들에게 옷가지와 장난감을 선물했다. 크리스마스 시즌 벌어진 그 이벤트는 '2002년 남아프리카의 크리스마스의 온정(Christmas Kindness South Africa 2002)'이라는 신조어를 만들어 냈다.

오늘날 윈프리는 어려움을 겪고 있는 전 세계 수많은 이들의 정신적 멘토인 동시에 그들의 든든한 재정적 후원자다. 1980년대 중반 이후 매년 그녀는 정기적으로 자선단체에 후원금을 내고 있다. 아이티 지진 같은 자연재해 피해자나 자신의 토크쇼를 통해 알게 된 어려운 이웃들을 위해서도 도움의 손길을 서슴없이 내밀고 있다.

2012년 새해 첫날 윈프리는 '토크쇼의 여왕'으로서 다시 시청자들 곁으로 돌아왔다. '오프라 윈프리 쇼'의 마지막 방송에서 말했던 것처럼 '다음 장'을 들고서. 그녀의 새로운 토크쇼 '오프라의 다음 장(Ophra's Next Chapter)'은 자신의 케이블 방송국 오프라윈프리네트워크(OWN) 채널을 통해 첫 전파를 탔다.

첫 회에서 윈프리는 록그룹 에어로스미스(Aerosmith)의 보컬 스티븐 타일러(Steven Tyler), 영화 감독 조지 루카스(George Lucas), 배우 팀 로빈스(Tim Robbins) 등 톱스타들을 동원해 건재를 과시했다. 이후에도 사망한 휘트니 휴스턴의 가족, 팝스타 레이디 가가(Lady GaGa), 조엘 오스틴(Joel Osteen) 목사 등 유명 인사들을 출연시켰다.

그러나 윈프리는 이제 더 이상 의자에 앉아 유명인들을 기다리지만은 않는다. 미국 전역은 물론 세계 각국을 여행하며 그녀의 가장 큰 무기인 긍정의 힘을 나누고 있다. 직접 발로 뛰며 전 세계 시청자들을 만난다. 이런 노력 덕분에 황금시간대의 OWN의 평균 시청자는 수십만 명으로 늘어났다.

인종, 성별, 빈부, 지역 등 모든 면에서 사회적 약자였던 그녀가 '오프라 윈프리'라는 이름 하나만으로도 세상이 주목하는 영향력을 갖기까지 결코 쉽지 않은 길이었다. 하지만 윈프리는 앞으로도 그 이름을 걸고 이 시대의 '희망 아이콘'으로서 부단한 메시지를 발신할 예정이다.

오프라 윈프리 약력

1954.1.29.	미시시피 코시어스코 출생
1971.	미스 불조심 1위, WVOL 라디오 입사, 테네시주립대학교 진학
1973.	내슈빌 WTVF TV 방송국 입사
1976.	볼티모어 WJZ TV 방송국 입사
1977.	토크쇼 '사람들은 말한다' 진행 시작
1984.	시카고 WLS TV 토크쇼 '에이엠 시카고' 진행 시작
1985.	'오프라 윈프리 쇼' 진행 시작, 영화 '컬러 퍼플' 조연
1987.	에미상 최고 토크쇼 진행자상 수상('오프라 윈프리 쇼')
1988.	'하포 스튜디오' 설립, 미니시리즈 '브루스터가의 여인들' 제작 및 주연
1994.	에미상 최고 토크쇼 진행자상 & 최고 토크쇼상 수상
1996.	피바디상 수상, 국제 라디오 및 텔레비전 협회 황금메달 수상
1997.	자선단체 '엔젤 네트워크' 출범
1998.	에미상 평생공로상 수상, 타임 '20세기 가장 영향력 있는 100인' 선정
2000.	여성 전문 케이블 방송국 '옥시즌' 개국, 'O-매거진' 창간
2004.	타임 '세계에서 가장 영향력 있는 100인' 선정, UN '올해의 세계 지도자상' 수상
2005.	타임 '세계에서 가장 영향력 있는 100인', 포브스 '세계에서 가장 영향력 있는 유명인 100인' 선정
2007.	남아공 '오프라 리더십 아카데미' 개설
2010.	케네디센터 평생공로상 수상, 여성 컨퍼런스 미네르바상 수상
2012.	'오프라의 다음 장' 제작 및 진행 시작, 아카데미 평생공로상 수상

* 저자 약력

저자 김수영은 대구에서 태어나 경북대학교에서 신문방송학을 전공했으며 졸업 후 대구·경북 지역 일간지에서 사회부 기자로 근무했다. 신문 기자를 그만 둔 후에는 서울로 올라와 기업 홍보팀과 홍보대행사 등에서 홍보 마케팅 업무를 담당하며 관련 지식과 경험을 쌓았고, 현재는 경영 및 사회과학 전문 서적과 CEO 대상 잡지 출판에 관여하면서 자유기고가 및 작가로 활동하고 있다.